Biergartenguide 2021

Münchens schönste Biergärten

37 FREIBIER GUTSCHEINE

Beim Kauf einer Maß eine Maß gratis

W0279207

Coverbild: Tom & Jezz Fotografie, www.tomundjezz.de

10-26

Hintergründe zum Biergart'ln

Woher kommt die Biergartentradition? Warum sind im Biergarten immer Kastanien? Warum ist Weißbier in Bayern so beliebt?
Hier werden Sie zum Biergartenprofi!

30-103

Münchens Biergärten im Detail

Im Sommer gibt es kaum schönere Orte als Münchens Biergärten. Wir zeigen Ihnen die Großen und Bekannten ebenso wie die versteckten Schönen. Alle Details und die Biergutscheine finden Sie hier.

Inhaltsverzeichnis

Servus mitanand

Biergarten steht für Gemütlichkeit und bayerische Tradition. Hier fühlen wir uns wohl und kommen so oft es geht in den Biergarten. Eine kühle Maß, eine frische Brezn - so lässt es sich leben!

Herzlichen Glückwunsch zum Kauf des Biergartenguides. In diesem Buch steckt weitaus mehr, als nur ein paar bunte Seiten Papier, sogar mehr als nur hilfreiche Informationen und nützliche Insidertips – Sie haben sich eine „gute Zeit" gekauft.

Lassen Sie sich treiben und inspirieren von den Emotionen, die Ihnen auf den nächsten Seiten vermittelt werden. Freuen Sie sich auf den Sommer, auf bayerische Schmankerl und kühles Bier.

Wir sind uns sicher, dass Sie beim Durchstöbern dieses Guides und beim Einlösen der Biergutscheine viel Spaß haben werden. Entdecken Sie zusammen mit Freunden und Bekannten bislang unbekannte Biergärten.

Kultur lebt davon, von Menschen zelebriert und fortgeführt zu werden – so auch die bayerische Biergartenkultur. Seien Sie ein Teil davon! Packen Sie Ihren Picknickkoffer mit leckeren Schmankerln sowie der obligatorischen karierten Tischdecke und erkunden Sie Münchens Biergärten.

Wir wünschen Ihnen einen tollen Sommer mit reichlich Biergartenwetter. Und jetzt: Geht's raus und habt Spaß...
mir sehn uns im Biergarten.

Prost
Thomas & Markus

Hattenhofen
Maisach
8
99
Mammendorf
Olching
92
Fürstenfeldbruck
Gröbenzell
94
Jesenwang
Eichenau
Emmering
99
Moorenweis
Puchheim
Alling
96
Germering
84
Geltendorf
Grafrath
Gilching
82
96
96
Türkenfeld
Planegg
86
78
95
Kralling
Neuried
90
Inning am Ammersee
Gauting
Herrsching
74
95
Seefeld
88
Herrsching am Ammersee
Starnberg
Ammeresee
Pöcking
Berg
Icking
Aidenried
Feldafing
Allmannshausen
Tutzing
Wolfratshausen
952
Pähl
Starnberger See
Münsing
Wess
Aschh
Isarradweg
Panorama-Radweg
Ammersee-Radweg
Stadt-Radlring München
Würmtal-Radweg
Radlring München
Weilheim

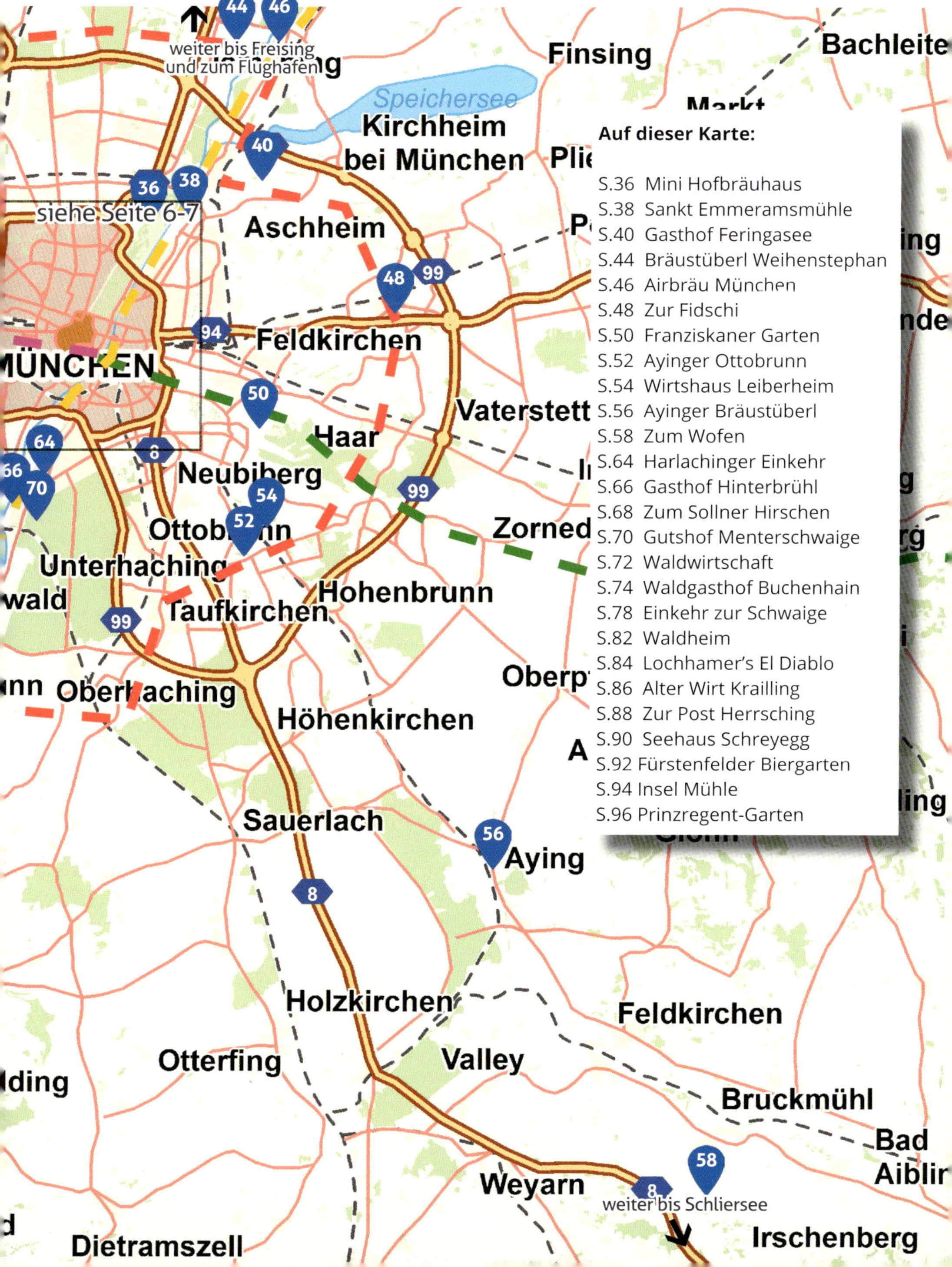

Auf dieser Karte:

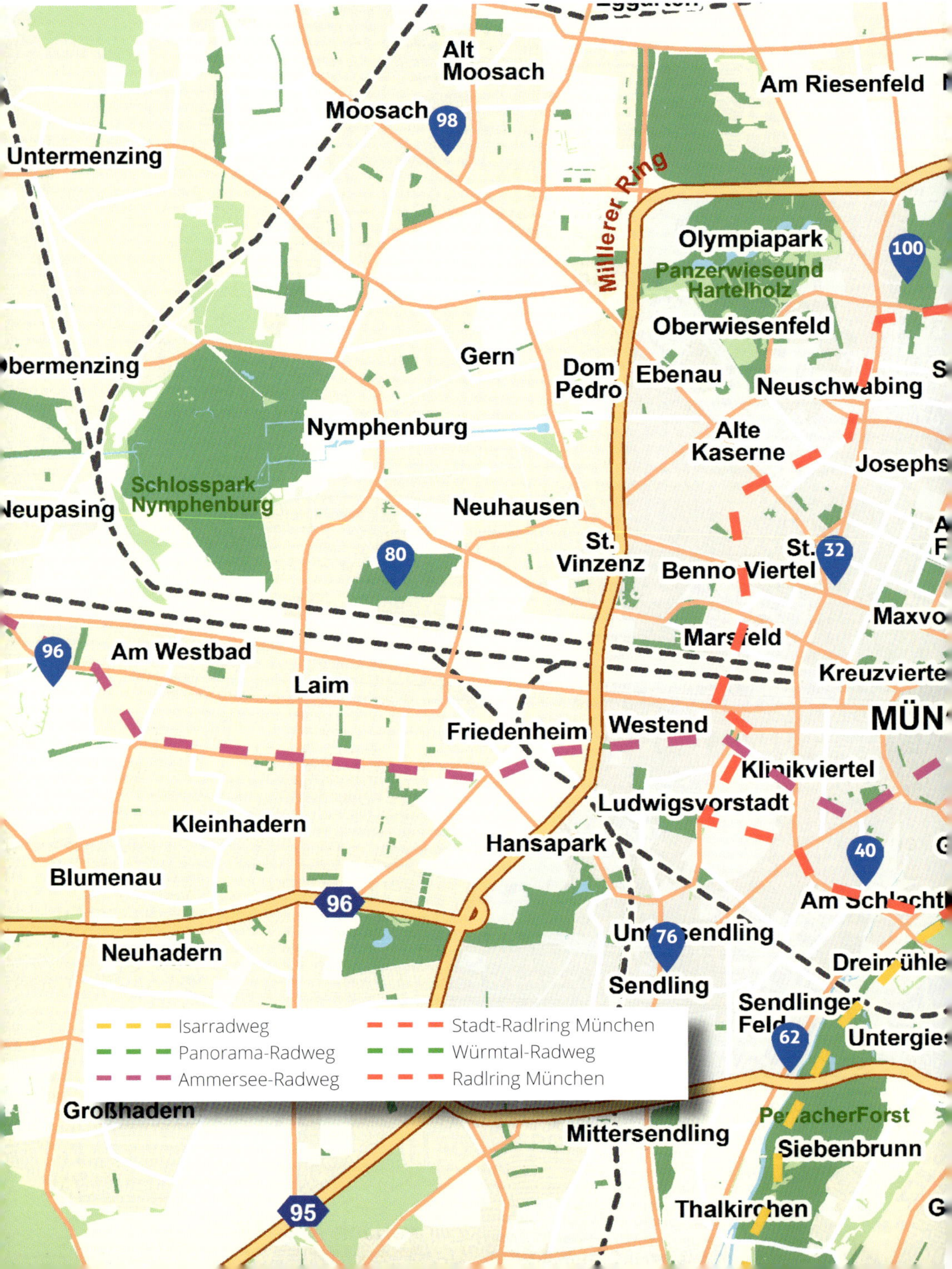
Alt Moosach
Am Riesenfeld
Moosach
98
Untermenzing
Millerer Ring
Olympiapark
100
Panzerwieseund Hartelholz
Oberwiesenfeld
Gern
Dom Pedro
Ebenau
Neuschwabing
Obermenzing
Nymphenburg
Alte Kaserne
Josephs
Schlosspark Nymphenburg
Neupasing
Neuhausen
St. Vinzenz
St. Benno Viertel
32
80
Maxvo
Marsfeld
96
Am Westbad
Kreuzvierte
Laim
MÜN
Friedenheim
Westend
Klinikviertel
Ludwigsvorstadt
Kleinhadern
Hansapark
40
Blumenau
96
Am Schlacht
Untersendling
76
Neuhadern
Dreimühle
Sendling
Sendlinger Feld
62
Untergies
Isarradweg
Panorama-Radweg
Ammersee-Radweg
Stadt-Radlring München
Würmtal-Radweg
Radlring München
Großhadern
PerlacherForst
Mittersendling
Siebenbrunn
95
Thalkirchen

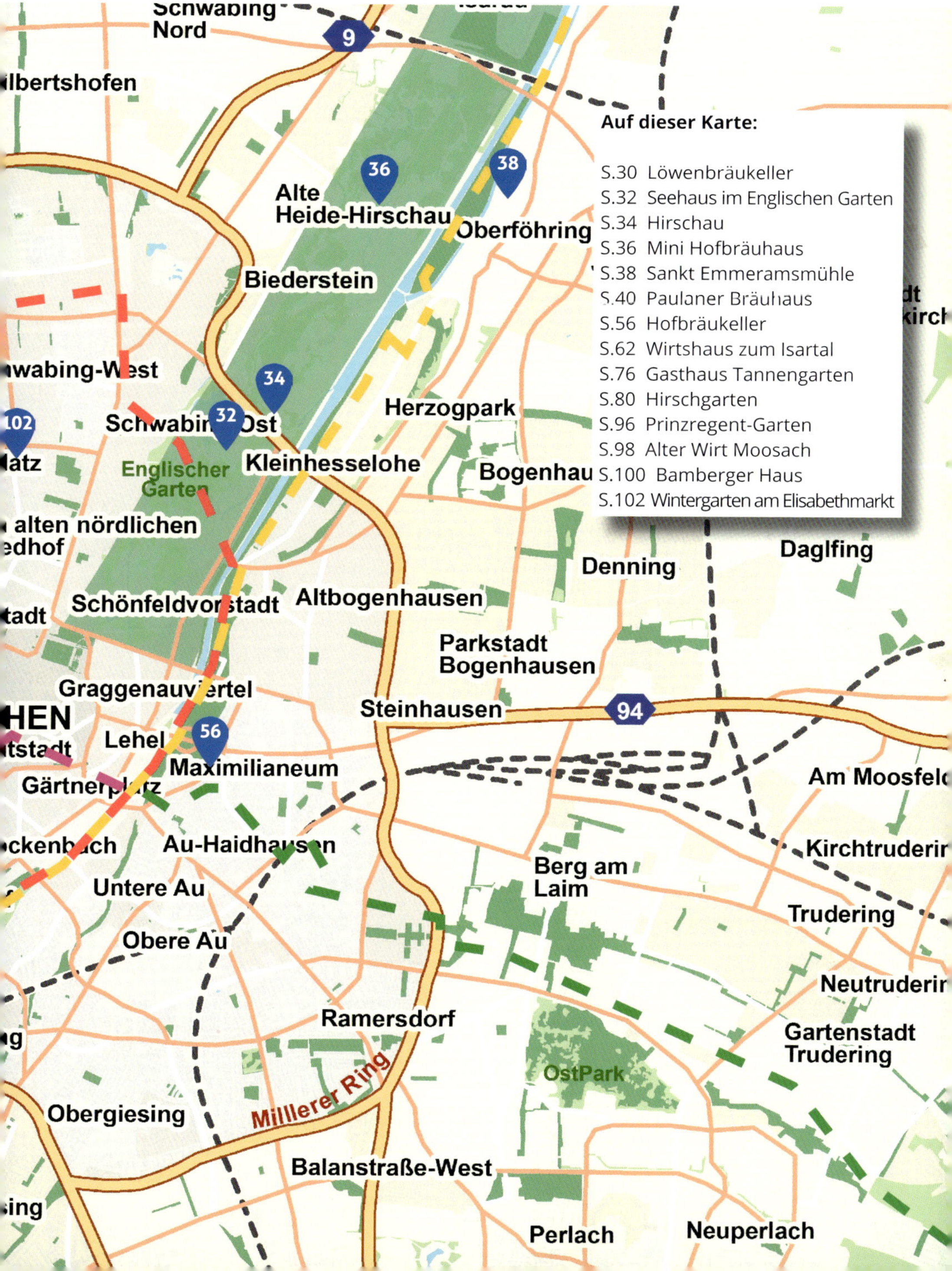
Auf dieser Karte:
S.30 Löwenbräukeller
S.32 Seehaus im Englischen Garten
S.34 Hirschau
S.36 Mini Hofbräuhaus
S.38 Sankt Emmeramsmühle
S.40 Paulaner Bräuhaus
S.56 Hofbräukeller
S.62 Wirtshaus zum Isartal
S.76 Gasthaus Tannengarten
S.80 Hirschgarten
S.96 Prinzregent-Garten
S.98 Alter Wirt Moosach
S.100 Bamberger Haus
S.102 Wintergarten am Elisabethmarkt
Schwabing Nord
9
Alte Heide-Hirschau
36
38
Oberföhring
Biederstein
34
32
Herzogpark
Englischer Garten
Kleinhesselohe
Denning
Daglfing
Schönfeldvorstadt
Altbogenhausen
Parkstadt Bogenhausen
Graggenauviertel
Steinhausen
94
56
Lehel
Maximilianeum
Am Moosfeld
Au-Haidhausen
Berg am Laim
Untere Au
Trudering
Obere Au
Ramersdorf
Gartenstadt Trudering
Mittlerer Ring
OstPark
Obergiesing
Balanstraße-West
Perlach
Neuperlach

Biergarten-Radtouren

Fahrradfahren hat Stil, ist gesund, klimafreundlich – und zudem das beste Verkehrsmittel zum Biergarten und wieder nach Hause.

ISARRADWEG

Der Isarradweg ist insgesamt 290 km lang und führt von der Isarquelle im Karwendelgebirge bis zur Mündung der Isar in Donau. Im Süden Münchens führt der Weg durch das Isartal, dessen Hochufer mit herrlichen Biergärten gesäumt ist. Entlang des Flauchers, vorbei am Tierpark, nähern sich die Radler in Richtung Norden der Stadt. Innerhalb Münchens geht es vorbei am Deutschen Museum über den Englischen Garten weiter nach Bogenhausen.
Es ist der wohl schönste Radweg Münchens und ein Muss für jeden Münchner, Zuagroasten und Touristen.

PANORAMA-RADWEG

Der Panorama-Radweg erstreckt sich über insgesamt 69 km und führt von Münchens Stadtzentrum – Ausgangspunkt Ludwigsbrücke am Deutschen Museum – entlang einer eleganten Route durch die Stadtviertel im Münchner Osten hinaus bis nach Wasserburg am Inn. Der Radweg verläuft in München auf verkehrsarmen Nebenstraßen. Weiter außerhalb führt die Route über Feld- und Forstwege sowie asphaltierte Radwege. Entlang des Radweges laden zahlreiche Biergärten, Gaststätten und Straßencafés zu einem Zwischenstopp ein.
Fazit: Ein lohnenswertes Ausflugsziel, vor allem ab Trudering.

AMMERSEE-RADWEG

Der Ammersee-Radweg erstreckt sich auf einer Gesamtlänge von 96 km, vom Stadtzentrum (Ludwigsbrücke am Deutschen Museum) bis zum Endpunkt in Bad Wörishofen. Nach 43 km ist der Ammersee erreicht. Bis dahin lohnt auf jeden Fall eine kleine Rast in einem der Biergärten am Wegrand.
Der Radweg führt entlang der Straßen des Münchner Westens und lohnt eher aufgrund der Biergärten auf dem Weg und des Ziels Ammersee.

WÜRMTAL-RADWEG

Auf ca. 35 km schlängelt sich der Würmtal-Radweg entlang der malerischen Würm von Dachau bis an ihren Ursprung, den Starnberger See.
Unterwegs geht es an herrlich gelegenen Biergärten vorbei, durch den Pasinger Stadtpark und vorbei an bekannten Sehenswürdigkeiten wie der Blutenburg in Obermenzing.
Besonderes Highlight: das romantische Tal südlich von Gauting und die aussichtsreiche Abfahrt hinab nach Starnberg, von wo aus es für Radlfaule mit der S6 wieder zurück nach München geht.

RADLRING MÜNCHEN

Der Radlring München verbindet auf ca. 135 km Länge die Städte und Gemeinden des Münchner Umlandes miteinander – und somit auch eine ganze Reihe von Ausflugsbiergärten.
Der Radlring ist – niemanden wird es wirklich verwundern – ein Ring, wodurch Anfangs- und Endpunkt frei gewählt werden können.
Zudem lässt sich diese Strecke auch gut mit den anderen vier beschriebenen Radtouren kombinieren. Sollten die Beine vom vielen In-die-Pedale-Treten doch mal schwer werden, bringen Bus und Bahn die Ausflügler von den zahlreichen Haltestellen unterwegs wieder gen Heimat.

STADT-RADLRING MÜNCHEN

Der Stadt-Radlring München ist kein offizieller Radweg, wie die anderen beschriebenen Routen. Er führt jedoch ausschließlich auf Radwegen durch München und verbindet einige der schönsten und sehenswertesten Ecken der Stadt.
Die interessante Route verläuft entlang der Isar, durch den Südteil des Englischen Gartens und Schwabing, durch die Maxvorstadt Richtung Theresienwiese und wieder zurück an die Isar – ein echtes Radlschmankerl.

Bayerns Biergartenkultur

Seit 200 Jahren genießt man im Freistaat die Maß Bier am liebsten mit einer Brotzeit im Freien unter Kastanien.

So sieht er aus, der perfekte Biergartenbesuch: Bier, Radi, Obazda und Brezn in heiterer Gesellschaft.

Wenn ein Mensch auf der Suche nach Glückseligkeit die Welt umrundet, wird er unweigerlich von der Gravitation des größten Dorfes der Welt aufgesogen. Unter weiß-blauem Himmel bei strahlendem Sonnenschein, ein Blätterdach über dem Kopf, gekühlt von oben und von innen. Wenn man sich ihm nähert, hört man von weitem das Rauschen der Stimmen, das Klirren der Krüge wird immer lauter und dann, ja dann steht man inmitten der Brandung der Schaumkronen, im Meer der Bier- und Glückseligkeit, im Epizentrum des bajuwarischen Lebensgefühls: dem Biergarten.

BAYERISCHE BRAUORDNUNG – STEIN DES ANSTOSSES

Diese urgemütliche Institution haben die Münchner der bayerischen Brauordnung aus dem Jahre 1539 zu verdanken. Diese besagte, dass es nur zwischen dem Festtag des heiligen Michael am 29. September und dem Ehrentag des heiligen Georg am 23. April erlaubt war, Bier zu brauen. Im Hochsommer war die

Herstellung zu gefährlich, da durch das Sieden Brände ausgelöst werden konnten. Die Brauer mussten ihr Bier also auf Vorrat herstellen, daher auch das besonders stark gehopfte und längerlebige „Märzenbier" im Monat März. Doch die Frage aller Fragen blieb: Wie bringt man das Bier über den Sommer – ohne einen Kühlschrank, der leider noch nicht erfunden war?

BIERKELLER ZUR KÜHLUNG

Die Lösung fanden die gewieften Brauer in unterirdischen Bierkellern. Dies kann man noch an Namen wie Salvatorkeller, Hofbräukeller und Löwenbräukeller erkennen.

Im Winter wurden fortan große Vorräte an Bier angelegt, die über den Sommer verkauft werden konnten. Doch ganz so einfach war es dennoch nicht. Die kühle Luft des Kellers reicht nicht aus, um das Gebräu unbeschadet über den Sommer zu bekommen. Um für zusätzliche Kühlung zu sorgen, wurden im Winter aus Bächen und Flüssen große Stücke Eis geschnitten und zur Kühlung in die Keller gebracht.

DIE KASTANIE

Um das Eis so lange wie möglich vor dem Schmelzen zu bewahren, pflanzten die Brauer schattenspendende Bäume. Die einheimische Kastanie mit ihren großen Blättern war dafür genau der richtige Baum. Weil sie nur flache Wurzeln bilden, hatten die Kastanien außerdem den Vorteil, dass sie die Kellergewölbe nicht beschädigten.

So bahnte sie sich an, die Liebesbeziehung zwischen dem Baum und dem Bier. Die Kastanie wurde zur Biergartenbaumart schlechthin erkoren.

Der Biergarten ist eine gesellige Angelegenheit.

UND LOS GEHT'S...

Somit war alles gerichtet für die Besucher. Und die kamen zuhauf, als die Brauer beschlossen, das Bier im Sommer direkt über dem Keller zu verkaufen. Es wurden einfach Tische über dem Keller aufgestellt, fertig war das Wirtshaus im Freien.
Naja, ganz so einfach war es dann doch nicht. Die Brauer hatten die Rechnung ohne die Wirte gemacht. Die Wirtshausbesitzer protestierten vehement gegen die neue Konkurrenz im Grünen. Ihnen blieben dadurch in der Stadt die Gäste aus. Außerdem sollten die Brauer ihr Bier doch an die Wirte und nicht billig an die Gäste verkaufen. Ein Skandal in deren Augen.

KÖNIG MAXIMILIAN I. – SCHÖPFER DER BIERGÄRTEN

Schlichten musste den Streit kein Geringerer als seine Majestät höchstpersönlich: König Maximilian I. Der Kompromiss war folgender: Die Bierbrauer durften weiter ihr Bier verkaufen, allerdings kein Essen anbieten. Festgeschrieben per Dektret am 4. Januar 1812. Essen durfte nur in den altgedienten Wirtshäusern angeboten werden. Beide Parteien waren zufrieden – und der Biergarten geboren.

Das Weißbier

Fruchtig und spritzig ist der Geschmack, königlich die Herkunft – das Weißbier hat eine bewegte Historie.

Lange Zeit war es verboten, aus Weizen Bier zu brauen.

Weißbier ist wohl das bayerischste aller Biere und war hier schon in früheren Jahrhunderten beliebt. Bürgerliche und adelige Braumeister machten sich dabei Konkurrenz. Das änderte sich schlagartig, als das bayerische Herrscherhaus 1567 das Brauen von Weizenbier verbot. Die Begründung war fadenscheinig: Es sei „ein unnützes Getränk, das weder führe noch nähre, noch Kraft und Macht gäbe, sondern nur zum Trinken reize". In Wahrheit sollte der kostbare Weizen nicht weiter zum Bierbrauen verwendet werden.

Eine Ausnahme machte der bayerische Herzog nur beim niederbayerischen Geschlecht der Degenberger, denen er bereits 1529 das Recht verliehen hatte, aus Weizen Bier zu brauen. Als der letzte Sohn des Geschlechts 1602 starb, fiel das Recht, Weizenbier zu brauen, an das bayerische Herrscherhaus unter Maximilian I. zurück.

1605 wurde in München – an dem Ort, wo heute das weltberühmte Hofbräuhaus steht – das Weisse Bräuhaus gegründet. Hier ließ Herzog Maximilian das Weizenbier nun selber brauen und verkaufen.

DIE BAYERISCHEN KURFÜRSTEN ALS BRAUHERREN

1623 avancierte Herzog Maximilian zum Kurfürsten. Für seinen aufwändigen Hofstaat waren die Gewinne des Weissen Bräuhauses unentbehrlich. Um weitere Geldquellen zu erschließen, kam der clevere Wittelsbacher auf die Idee, Verträge mit den Münchner Wirten einzugehen. Diese wurden verpflichtet, neben dem bürgerlichen Braunbier auch das hochherrschaftliche Weizen auszuschenken. Gehorchten sie nicht, wurde ihnen das Wirtsrecht entzogen. Die Nachkommen Maximilians I. hielten „aus gewichtigen Ursachen" für andere Stände das Verbot aufrecht, aus Weizen Bier zu brauen. Die Herstellung von Weißbier wurde zum „Regal": zum wirtschaftlich nutzbaren Ho-

Die Kunst, ein Weißbier einzuschenken

Wer schon einmal versucht hat, ein Weizen einzuschenken, der weiß, dass dieses Bier ein überschäumendes Temperament entwickeln kann.

Zunächst braucht man die typischen Weißbiergläser, denn nur aus ihnen schmeckt das Weißbier richtig gut. Sie sind hoch und leicht geschwungen. Deshalb kann die Kohlensäure im Weizen beim Einschenken eine schöne Schaumkrone entwickeln. Wie bei anderen Biersorten auch, sollte das Glas vor dem Einschenken mit klarem Wasser ausgespült werden.

Die Flasche wird schräg zum Glas gehalten, dann wird das Weizenbier eingeschenkt, bis die Schaumkrone den Rand erreicht hat. Anschließend wird das Bier eine Weile stehen gelassen, bis sich der Schaum abgesetzt hat. Dann kann vorsichtig nachgegossen werden, um die Schaumkrone zu erhalten – et voilà – fertig ist das perfekte Weißbier. Prost!

Ein voller Erfolg: Weißbier mit perfekter Schaumkrone

heitsrecht des bayerischen Herrscherhauses. Sehr zum Verdruss der bürgerlichen Braunbierbrauer entstanden überall kurfürstliche Brauhäuser. Und die Untertanen ließen sich ihr Weizenbier, das angeblich so „unnütz" war, schmecken.

DAS WEISSBIER WIRD BÜRGERLICH

Mitte des 18. Jahrhunderts kam das kurfürstliche Weißbier dann eine Weile aus der Mode. Die bürgerlichen Brauer hatten ihre Methoden, Braunbier herzustellen, entscheidend verbessern können. Dieses Bier schmeckte den Bayern noch besser als das Weizen aus den Hofbräuhäusern. Weizenbier wurde so wenig getrunken, dass es als Einnahmequelle für das Herrscherhaus nichts mehr hergab.

Als großzügige Geste gegenüber seinen Untertanen verzichtete dieses auf sein Privileg. Das Recht, Weizenbier zu produzieren, wurde auf alle Brauer im Lande ausgedehnt.

ERFRISCHENDER GENUSS VON HEUTE

Der Erfolg von heute würde selbst die geschäftstüchtigen Wittelsbacher neidisch machen: Etwa sechs Millionen Hektoliter Weizenbier werden heute jährlich allein im Lebensmitteleinzelhandel und in Abholmärkten verkauft. Weizenbier muss mindestens 50 Prozent Weizenmalz enthalten. Da es bei der Lagerung hoch gespundet wird, verfügt es über relativ viel Kohlensäure. Dies und der fruchtige Geschmack machen dieses Bier so erfrischend. Deshalb ist es im Sommer besonders beliebt, wenn Jung und Alt in Biergärten und auf Restaurant-Terrassen zusammenkommen.

[Quelle: Deutscher Brauer Bund]

Die Weißwurst

Eine Ikone der bajuwarischen Lebenskultur, serviert mit einem Weißbier und sußem Senf, die Weißwurst.

Dürfen das Zwölf-Uhr-Läuten nicht erleben: Weißwürste werden vormittags gegessen.

Faschingssonntag, der 22. Februar 1857. Im Gasthof „Zum Ewigen Licht" am Münchner Marienplatz setzt der Wirt Sepp Moser wie jeden Morgen Wasser auf, um seine begehrten Kalbsbratwürste herzustellen. Doch als er das Brät in die Wursthäute füllen will, muss er feststellen, dass ihm die Schafssaitlinge, die er zu diesem Zweck verwendet, ausgegangen sind. Nun ist guter Rat teuer, zumal sich das Wirtshaus bereits mit Frühschoppen-Gästen füllt. Immerhin hat Moser noch Schweinsdärme vorrätig und behilft sich einfach damit. Allerdings verzichtet er darauf, die gekochten Würste wie gewohnt anzubraten, sondern bietet sie seiner Kundschaft in einer Terrine an. Und siehe da, die Gäste sind begeistert – die Geburtsstunde der original Münchner Weißwurst.

WAHRHEIT ODER LEGENDE?

Ob es sich tatsächlich so verhalten hat, ist bis heute nicht geklärt. Und ebenso wie über die Entstehung der Weißwurst scheiden sich auch im Hinblick auf die korrekte Essweise die Geister: Wird die Weißwurst nun gezuzelt oder darf man Messer und Gabel zu Hilfe nehmen? Und bedarf es dann eines Kreuzschnitts oder ist auch ein Längsschnitt erlaubt?
Unstrittig ist allerdings die Beilagen-Frage: Zu

München ist die Gebrutsstätte der Weißwurst

Die Weißwurst-Hymne (1. und 2. Strophe)

Du Königin im Wurstrevier,
Du schön gekurvte Tellerzier,
Laß dir den weißen Hermelin
Von deinen zarten Schultern ziehn!

So zeigt sich erst dein ganzer Charme.
Dein sanfter Atem fächelt warm
Grün schimmert's durch (als wir am Nil),
Dies Grüne, das ist Petersil.

(Der Münchner „Turmschreiber" Herbert Schneider zum 100. Geburtstag der Weißwurst)

einer Weißwurst gehören Breze, süßer Senf – und natürlich ein Weißbier!
Und dann gibt es da noch weitere eherne Gesetze, die Weißwurst betreffend: Weiß-würste bestellt man niemals paar-, sondern immer stückweise. Aus dem Wurstkessel sollten die Würste dampfend auf den Tisch kommen, nachdem sie zuvor etwa zehn Minuten in rund 75 Grad heißem Wasser erwärmt wurden.

DER WEISSWURSTÄQUATOR

Der Weißwurstäquator ist die Bezeichnung für eine gedachte Kulturgrenze zwischen den Genießern der weißen Brühwürste, vom Rest der Nation und verläuft entlang des 39. Breitengrad. Fälschlicherweise halten manche Leute die Donau mit Ihrem Verlauf für den Weißwurstäquator, was allerdings Teile Niederbayerns, der Oberpfalz und Oberbayerns ausschließt. Eine weitere Alternative ist der Verlauf des Main, welcher auch als nördliche Weißwurstgrenze bekannt ist. Allerdings ist das ein "Schmarrn' " wie man in Bayern so schön sagt. Eine weitere diskutierte Alternative ist ein 100km Radius um München als Grenze. Aber dieser Vorschlag entlarvt jeden als "Dilettant". Das schöne an Bayern ist, dass wir sehr tolerant sind, und im Biergarten viel Zeit zum "kokettieren" haben. Also viel Spaß beim erörtern der verschiedenen Optionen.

Traditionell werden Weißwürste im heißen Wasser liegend serviert.

Das Reinheitsgebot

Das älteste heute noch gültige Lebensmittelgesetz der Welt – seit gut 500 Jahren wird Bier aus Hopfen, Malz und Wasser hergestellt.

Wasser, Hopfen und Gerstenmalz sind die einzigen erlaubten Inhaltsstoffe des Bieres. Die Wirkung von Hefe war nicht bekannt und ist daher nicht im Ursrprungstext enthalten.

Das Reinheitsgebot ist die älteste heute noch gültige lebensmittelrechtliche Vorschrift der Welt. Zugleich ist es der Höhepunkt einer sich über mehrere Jahrhunderte hinweg erstreckenden rechtlichen Entwicklung in Deutschland, bei der es den jeweiligen Obrigkeiten und Instanzen darum ging, durch entsprechende Verordnungen die Qualität des Bieres, einem Hauptnahrungsmittel der Bevölkerung, zu verbessern. Wir möchten Sie hier durch die spannende Entwicklungsgeschichte führen.

AUGSBURG 1156

Kaiser Barbarossa gab im Jahre 1156 der Stadt Augsburg eine neue Rechtsverordnung, die berühmte „Justitia Civitatis Augustensis", die das älteste deutsche Stadtrecht darstellt. Und schon darin ist vom Bier die Rede:

„Wenn ein Bierschenker schlechtes Bier macht oder ungerechtes Maß gibt, soll er gestraft werden..."
Die Strafe war übrigens schwer und betrug 5 Gulden. Beim dritten Verstoß wurde dem brauenden Wirt die Lizenz entzogen.

MÜNCHEN 1363

Um die Qualität des Bieres kümmerten sich schon 1363 auch die Münchner. Sie übertrugen 12 Mitgliedern des Stadtrates die Bieraufsicht. Und im Jahre 1447 verlangten sie von den Brauern ausdrücklich, dass sie zum Bierbrauen nur Gerste, Hopfen und Wasser verwenden dürfen „...und sonst nichts darein oder darunter tun oder man straffe es fuer valsch".
Herzog Albrecht IV. bestätigte 40 Jahre später diese Forderung des Münchner Stadtrates, denn er hatte erfahren, dass im Norden Deutschlands das Biergeschäft vor allem deshalb blühte, weil die dortigen Zünfte dafür sorgten, dass gutes Bier gebraut wurde.

BAYERISCHES REINHEITSGEBOT VOM 23. APRIL 1516

Im April 1516 trat der Bayerische Landständetag unter dem Vorsitz von Herzog Wilhelm IV. in Ingolstadt zusammen. Dieses Gremium billigte eine vom Herzog vorgelegte Vorschrift – und machte sie damit für ganz Bayern verbindlich –, dass zur Herstellung des Bieres nur Gerste, Hopfen und Wasser verwendet werden dürften.

Die Klarstellung, dass es sich um Gerstenmalz zu handeln habe, wurde später eingefügt. Von der Wirkung von Hefe wusste man damals noch nichts. Dennoch ist der Grundtext kontinuierlich in neueren Gesetzen fortgeschrieben worden, deren Wirkungsbreite sich immer weiter ausdehnte.

Deutsches Bier muss in der Bundesrepublik Deutschland laut Gesetz auch heute noch ausschließlich aus Malz, Hopfen, Hefe und Wasser

Hopfendolden, die dem Bier die Würze und das Aroma verleihen

hergestellt werden. Damit ist das Reinheitsgebot von 1516 die älteste noch heute gültige Lebensmittelgesetzgebung der Welt.

Mit dieser Vorschrift wurde Verfälschungen vorgebeugt, vor allem aber chemische oder andere Zusätze ausgeschlossen. Denn bevor man Hopfen zur Konservierung und als Aromaspender in der Bierbrauerei einsetzte, wurden alle möglichen anderen Kräuter

Der Maibaum am Viktualienmarkt trägt Schilder zur Erinnerung an den Erlass des Münchner Reinheitsgebots, ebenso der Augustiner Kronkorken mit dem Wappen des Vereins Münchner Brauereien.

Wortlaut des Reinheitsgebotes

„Wie das Bier im Sommer und Winter auf dem Land ausgeschenkt und gebraut werden soll": So lautet der Titel der Verordnung, die Wilhelm IV., Herzog in Bayern, im April 1516 dem Bayerischen Landständetag in Ingolstadt vorgelegt hat. Das Gremium billigte die Vorschrift, die seither unter dem Namen „Reinheitsgebot" bekannt ist.

zum Würzen verwendet. Manche davon waren ausgesprochen giftig und konnten Halluzinationen bei den Biertrinkern erzeugen. Was kam alles hinein? Ochsengalle, Wacholder, Gagel, Schlehe, Eichenrinde, Wermut, Kümmel, Anis, Lorbeer, Schafgarbe, Stechapfel, Enzian, Rosmarin, Rainfarn, Johanniskraut, Fichtenspäne, Kiefernwurzeln, vor allem aber Bilsenkraut.

Das Reinheitsgebot von 1516 hat auch heute nichts von seiner Aktualität eingebüßt. Denn es garantiert in einer Zeit, in der andere Lebensmittel oft negative Schlagzeilen machen, einen wirksamen Verbraucherschutz: Deutsches Bier enthält keine künstlichen Aromen und keine Zusatzstoffe – nur Malz, Hopfen, Hefe und Wasser.

DEUTSCHES REINHEITSGEBOT 1906

Nach der deutsche Reichsgründung 1871 haben auch andere Staaten ähnliche Regelungen übernommen. Ab 1906 galt das Bayerische Reinheitsgebot in abgewandelter Form im gesamten Reichsgebiet. Es wurde im Biersteuergesetz verankert, in dem es heißt, dass Bier nur aus Malz, Hopfen, Hefe und Wasser hergestellt werden darf.

HEUTIGE GESETZGEBUNG

Nach verschiedenen Fortschreibungen des Gesetztestextes findet das Reinheitsgebot in der heutigen Bundesrepublik Deutschland seine rechtliche Begründung im vorläufigen Biergesetz.

[Quelle: Deutscher Brauer Bund]

Der Obatzte

Eine Maß, eine große Brezn und dazu an Obazda – oh, du glückliche bayerische Seele!

Tradtitionell mit Zwiebeln und Schnittlauch oder modern mit Salzstangen ein Genuss

Der „Obatzte" – wie er quasi auf Hochdeutsch genannt wird – ist tief in der bayerischen Brotzeitkultur verankert. Der Name leitet sich von der Herstellung ab: „Obazn" heißt „anrühren, anmachen", wobei der „Baz" – weiche Masse – auf die Konsistenz der Käsecreme verweist.

DIE ZUBEREITUNG

Obazda ist ein relativ einfaches Gericht: Ein waschechter Bayer entrindet reifen Camembert; dieser wird mit ein wenig schaumig gerührter Butter und einer fein geschnittenen Zwiebel vermischt. Pfeffer, Salz und reichlich Paprika geben die nötige Würze. Ein paar Löffel Bier machen den Käse noch cremiger. Schnittlauch drüber und Brezn dazu – fertig.

IRRUNGEN UND WIRRUNGEN

Die Sache könnte so einfach sein, gäbe es da nicht Menschen, die den kräftigeren Limburger oder Romadur präferieren. Kümmel rein oder nicht? Quark und Frischkäse für eine feine, milde Note? Naja, jedenfalls bitte keinen Wein, wie es die Franken angeblich machen.

Ein Tipp: Obazda sollte am Tag der Zubereitung gegessen werden, da die Zwiebel sonst einen bitteren Geschmack entwickelt.

Bayerischer Humor

7 Jahre bayerisch für Anfänger - schau mer amoi ob's scho wos glernt hobt

Wer sagt, dass die Bayern keinen Humor haben, versteht ihre Sprache nicht - Host mi?

Da Mo kummt von da Vorsorgeuntersuchung hoam. „Und, wos hod da Dokta gsagt?" frogt sei Frau. „Du werst as ned glam, aba da Dokta hod gsagt, i hob a Wanderorgan." „Ah, red doch koan soichan Schmarrn", geht sie in d'Luft. „Oiso, wos genau hod a gsagt?" „Mei Leber is im Arsch!"

A jungs Paarl lernt se auf da Wiesn kenna und in Nullkommanix sans scharf aufanand. Gengan's naus und schiam's a gscheide Nummer. Wia's fertig san, sogd er zu ihra: „Wenn i des gwisst häd, dass du no Jungfrau bisd, häd i a bisl langsamer do." „Und wenn i gwisst häd, dass dir a so pressiad, häd i vorher d'Strumpfhosn auszogn!"

kropfert lacha

sich dumm und dämlich lachen

Wos isn aa des?
Da wird doch der Hund in der Pfanne verrückt!

Da Vadda isst mit seine drei Buam Spaghetti. Sagt da Franz, da Älteste: „Lugge schaug amoi, wia am Voda d'Nudeln aus da Fotzn hänga!" „Oiso wirklich, wia konnst'n du zum Vadda seiner Fresse Fotzn sogn?" „Mei, wenn se der Depp des gfoin lasst!" „Etz glangt's aber!" schreit da Vadda und springt auf. D'Buam rumpeln davo und versteckan se unterm Bett. Do sagt da Vadda zum Jüngsten: „Hansi, kumm nur raus, i dua da nix, du host mi ja ned beleidigt." Moant da Hansi: „Ja, ja, i kenn di scho, du Zipfeklatscher!"

OFFEN UND EHRLICH

„Du Hansi, i hob dir versprocha, dass i oiwei ehrlich zu dir bin", meint die Elisabeth in der Hochzeitsnacht verlegen zu ihrem frisch Angetrauten. „Drum muaß i dir iatz was beichten. I hob vor unserer Hochzeit aa scho mit andere Männer gschlaffa." „Des macht doch nix, Herzi", meint er ganz verständnisvoll, „i aa!"

SUCHTENTWÖHNUNG

A Mo gähd in'n Drogeriemarkt und kafft se a Packl Pariser. Wiar a's zoihd hod, packlt a's aus, wirft's am Bodn hi und trampelt drauf rum. „Um Gottswuin, wos macha denn Sie do?" schreit d'Verkäuferin ganz aufgregt. „As Raucha hob i ma aa so abgwöhnt!"

Junge Münchner Biere

Münchens Bierkultur hat sich über die letzten Jahre verändert. Sogenante Craft Bier Brauereien entstehen in unserer Stadt.

Münchner oder nicht? Das ist hier die Frage. Das Bier spricht eine eindeutige Sprache.

Autodidakt, Selbstverwirklicher, Rebellen der Braukunst!

TILMANS BIERE

Tilman Ludwig ist ein waschechter Münchner, der seine Ausbildung zum Braumeister an der TUM Weihenstephan gemacht hat, und das traditionelle Münchner Hell neu erfinden will. Er verwendet fruchtig, frische Aromahopfen für sein Helles. Das Bier hat eine leichte Note von Zitrusfrüchten und schmeckt hopfig und frisch. Der Geschmack erinnert ein wenig an die amerikanischen Pale Ales. Neben dem Hellen braut der Jungunternehmer ein Weißbier, ein Dunkles und ein Brown Ale. Sau lecker und einfach anders!

CREW REPUBLIC

Die Gründer von Crew Republic sind Unternehmensberater, die nach einer Weltreise zurückkamen und in einem 2 Tageskurs Bierbrauen lernten. Kann so die Geschichte einer jungen, erfolgreichen Brauerei beginnen? Ja, sie kann. Crew Republic braut Biere die vor Aroma und Geschmack strotzen. Es wird von fruchtig leichten Bieren wie dem Detox, über das Easy mit leichten Grapfruit und Zitrus Noten, bis zu den deftigeren dunklen Bieren viele verschiedene Arten gebraut. Die Crew Republic Biere sind immer voller Geschmack und Aromen.

Was bedeutet Craft Bier?

Eine genaue bzw. einheitliche Definition dafür gibt es nicht. Im Grunde handelt es sich bei Craft Beer um handwerklich gebrautes Bier, bei dem hochwertige Zutaten, unkonventionelle Geschmacksrichtungen und das Wiederbeleben alter Brau-Traditionen im Fokus stehen. Der Geschmack wird überwiegend durch hochwertige Aromahopfen erzielt. Dadurch entstehen Biere mit sehr verschiedenen und teils sehr intensiven Geschmacksrichtungen die nach dem Reinheitsgebot gebraut sein können.

Jung, frech, dynamisch, hopfig... Munich Brew Mafia ist einfach anders!

Münchner Stadtteilbier, dass weit über den Stadtteil hinausgewachsen ist, das Giesinger

MUNICH BREW MAFIA

Craft Bier heißt auch, Dinge anders zu machen. Das Bier "Don Limone" zum Beispiel, wird insgesamt vier mal gehopft. Wer hopfige Biere gut findet, wird hier einen Favoriten finden. Selbst beschreiben sie das Bier als: "Es duftet grasig und dezent nach Zitrone und Orangenschale. Spritzig und erfrischend füllt sich der Mund. Auf der Zunge breiten sich dann Noten von Zitrone, Mirabelle, Orange und Grapefruit aus. Im Finish läuft das Pils mit 30 Bittereinheiten zart herb die Kehle hinunter." Da läuft uns das Wasser im Mund zusammen.

GIESINGER BRÄU

Die junge Biermanufaktur aus Giesing hat sich in den letzten Jahren einen Namen gemacht. Sie wird die Brauerei mit Hilfe einer Crowdfunding Kampagne über Genussscheine von Liebhabern der bayerischen Braukultur unterstützt. Neben der "Giesinger Erhellung" werden schmackhafte Weißbiere, Dunkle und Spezialbiere und Sondersuds gebraut.
Wer die Biere des Hauses einmal probieren möchte, sollte im Bräustüberl der Brauerei in der Martin-Luther-Straße 2 einkehren.

Die sechs Großen

Münchens Bierkultur gehört zu den berühmtesten der Welt. Maßgeblich dazu beigetragen haben diese sechs Brauereien.

Das Münchner Hofbräuhaus ist besonders bei Touristen beliebt.

HOFBRÄU

Das wohl berühmteste Bier der Stadt ist das HB. Vor allem das Stammhaus am Platzl hat einen weltweiten Ruf erlangt. Das Hofbräuhaus ist bis heute eines der touristischen Highlights Münchens. Bei Amerikanern, Australiern und Asiaten steht das Hofbräuhaus fest auf der Liste der Attraktionen. Im 19. Jahrhundert wurde die Brauerei verstaatlicht. Aus Platzmangel zog man an die Innere Wiener Straße um, wo sich noch heute der Hofbräukeller befindet.

Hacker-Pschorr, Himmel der Bayern und Sponsor des TSV 1860 München.

HACKER-PSCHORR

Seit sage und schreibe fast 600 Jahren bekommen Sie in der Sendlinger Strasse 14 die immer gleiche Biersorte ausgeschenkt: ein Hacker-Pschorr.
Im Jahre 1417 wurde an der Stelle, wo heutzutage die Gaststätte „Altes Hackerhaus" steht, die Brauerei gegründet.
Im 18. Jahrhundert wuchs das Unternehmen unter dem Ehepaar Joseph Pschorr und Maria Theresia Hacker zu einer der führenden Brauereien Münchens heran.

„Himmel der Bayern" – so versteht sich Hacker-Pschorr selbst und möchte damit das Lebens- und Liebenswerte an Bayern ausdrücken.
Seit 2007 wird das Hacker-Pschorr-Bier wieder in den traditionellen Flaschen mit Bügelverschluss verkauft.

Paulaner ist vor allem für das Weißbier und Starkbierfest bekannt.

PAULANER

1634 begannen die Paulaner-Mönche im Kloster Neudeck ob der Au mit dem Bierbrauen, um die Fastenzeit zu überbrücken. Zunächst wurde das Bier nur an Festtagen öffentlich ausgeschenkt. Das Rezept des Starkbieres, das bei den Münchnern schnell sehr beliebt war, geht auf einen gewissen Bruder Barnabas zurück.
Bis heute hat sich die Beliebtheit des Paulaner Starkbieres gehalten. So treffen sich die Menschen alljährlich auf dem Nockherberg, um

das Starkbierfest zu feiern. Insbesondere das „Politiker-Derblecken" (Veralbern), das unter Leitung eines gewählten Bruder Barnabas stattfindet, führt regelmäßig zur Belustigung des Publikums. Vielleicht liegt es aber auch am Starkbier, das nicht nur zart besaiteten Seelen schnell zusetzt und für Erheiterung sorgt.

Blühte unter der Familie Brey auf und war einst größte Brauerei Deutschlands.

LÖWENBRÄU

Bis ins späte 14. Jahrhundert lässt sich die Geschichte der Löwenbräu-Brauerei in der Löwengrube zurückverfolgen. Löwenbräu wurde 1746 erstmals im Biersudverzeichnis von München erwähnt. Im 19. Jahrhundert entwickelte sich der mittelgroße Betrieb unter der Familie Brey zur größten Brauerei Münchens.
Um 1900 war die Brauerei sogar die größte Deutschlands und bereits wegen ihres starken Wachstums in die Nymphenburger Straße

umgezogen. Seit dem Jahre 1883 gibt es in unmittelbarer Nähe zur Brauerei den berühmten Löwenbräukeller direkt am Stiglmaierplatz. Diesen finden Sie auch hier im Buch beschrieben – und sollten ihn keinesfalls verpassen.

Bier mit Kultstatus, obwohl Augustiner keine Werbung macht

AUGUSTINER

1328 gegründet, gilt die Augustiner Brauerei als die älteste der Stadt. Das „August" oder „Gustl", wie es von den Münchnern liebevoll genannt wird, ist besonders für sein helles Bier in der Münchner Kneipenszene bekannt. Die Brauerei hat ihre Wurzeln im Augustiner-Kloster in der Neuhauser Gasse. Die Brauerei zog im Zuge der Privatisierung im 19. Jahrhundert zunächst in die Neuhauser Straße 27 um, wo noch heute die beliebte Augustiner-Gaststätte existiert. Später zog sie in die Landsberger Straße, wo sie bis heute ihren Sitz hat. Dort können Sie das urige Bräustüberl besuchen. Kultstatus hat das Augustiner auch wegen seines alten Flaschenformats, mit typisch breitem Bauch und kurzem Hals. Außerdem wird das Augustiner in einigen Biergärten und auf dem Oktoberfest immer noch aus dem Holzfass, dem so genannten Hirschen, ausgeschenkt.

Weiße Schaufel, roter Hintergrund – dieses Zeichen ist in München wohlbekannt

SPATEN

Die sechste Brauerei im Bunde ist die Spatenbrauerei. 1397 gegründet, war sie die ersten Jahrhunderte in der Neuhauser Gasse angesiedelt. Seit 1807 ist die Brauerei nun im Besitz der Familie Sedlmayer und zog bald in die Marsstraße um, ihrem heutigen Sitz. Jeder kennt den weißen Spaten auf rotem Hintergrund und ihren Slogan „Lass dir raten, trinke Spaten". Ganz so leicht fällt die Wahl des Bieres in München dann doch nicht, die Auswahl ist groß. Am besten, Sie gehen in die Biergärten und testen sie alle.

Biergartenguide Gewinnspiel

Einfach teilnehmen unter
www.biergartenguide.com/wiesn
und einen dieser Preise gewinnen:

1. Wiesn-Tisch
Du und Deine Freunde gehen zum Oktoberfest!
(10 Personen inkl. Verzehrmarken)

2. Ein Braufässchen zum Selberbrauen

3. Einen Biergartenguide 2022

Teilnahmebedingungen:
Auslosung: Die Ziehung des Gewinners erfolgt nach Teilnahmeschluss des Gewinnspieles durch Zufallsprinzip. Teilnahmeberechtigt sind alle natürlichen Personen, die das 18. Lebensjahr vollendet. Von der Teilnahme ausgeschlossen sind Mitarbeiter vom Biergartenguide, Mitarbeiter von Kooperationspartnern des jeweiligen Gewinnspiels und alle Personen, welche mit der Durchführung des Gewinnspiels beschäftigt sind oder waren. Die Gewinner werden nach Abschluss des Gewinnspieles ermittelt und schriftlich per Facebook benachrichtigt. Der Gewinn ist nicht auf Dritte übertragbar. Eine Barauszahlung des Gewinns ist ausgeschlossen. Der Rechtsweg ist ausgeschlossen. Der Oktoberfesttisch beinhaltet eine Reservierung für 10 Personen inkl. Verzehrgutscheine. Verzehrgutscheine sind abhängig vom Festwirt, jedoch typischerweise 2 Maß Bier und ein Hendl pro Person excl. Bewirtungsgeld. **Teilnahmschluss: 18. September 2021.**

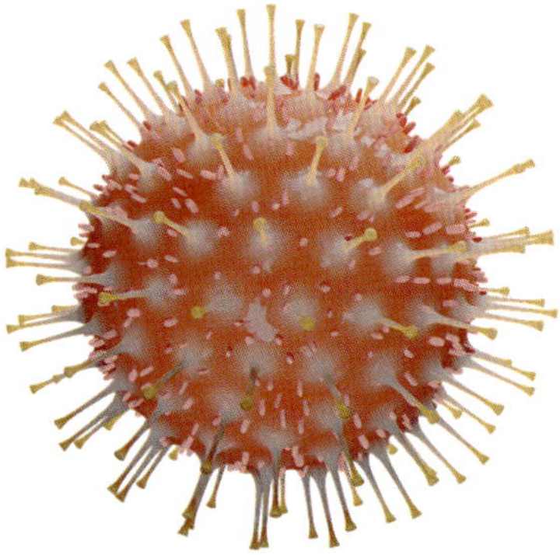

Solidarisch durch Corona Krise!

Liebe Biergartenguide Leser,

wie jeder in unserer Gesellschaft, müssen die Biergärten, Sie als Leser und wir als Verlag, mit den Einschränkungen während der Corona Kriese leben.

Wir hoffen alle, dass wir möglichst schnell zur Normalität zurückkehren. Aber es kann sein, dass es auch 2021 wieder zu Einschränkungen kommen kann.

Wir bitten um ihr Verständnis, falls Biergärten Ihre Öffnungszeiten kurzfristig ändern oder in seltenen Fällen den Biergartenbetrieb zeitweise einstellen und daher die Gutscheine nicht angenommen werden können. Bitte unterstützt die Biergärten in 2021 und drückt auch mal ein Auge zu, falls ein Gutschein nicht funktionieren sollte. Wir wollen ALLE, dass unsere Biergartenkultur diese schwere Zeit übersteht.

Gemeinsam werden wir auch diese Herausforderung meistern und uns hoffentlich schon bald wieder zu fremden Menschen an ein Biertisch gesellen um als Freunde den Biergarten zu verlassen.

Vielen Dank für euer Verständnis,

Markus, Thomas & alle Biergartenwirte/innen

Die Biergärten

So funktioniert der Gutschein:

Sie holen sich zwei Maß am Ausschank und gehen damit zur Kasse. Dort bezahlen Sie eine der beiden Maß, die andere ist für Sie gratis. Der Gutschein muss abgegeben werden und ist nur einmalig gültig.

Beide Maß müssen gleichzeitig gekauft werden und können nicht nacheinander erworben werden.

Nur für normales Helles oder Radler gültig, nicht für Weißbier oder Russenmaß und andere Getränke anwendbar.

Nicht mit anderen Rabattaktionen oder Gutscheinen kombinierbar.

Nur im Selbstbedienungsbereich des Biergartens zu verwenden wenn dieser geöffnet ist.

Aufgrund des Wetters können die Öffnungszeiten von den angegebenen abweichen. Biergärten sind nicht ganzjährig geöffnet.

Die Gutscheine sind bis 31.12.2021 gültig.

Löwenbräukeller

Seit dem Jahr 1883 eine Institution in München: Am Stiglmaierplatz ist das Löwenbräu mit Biergarten und Bräustüberl zu Hause.

Im Herzen Münchens am Stiglmaierplatz, lädt der Löwenbräukeller zum verweilen ein.

Der Löwenbräukeller prägt mit seiner bayrisch barocken Architektur und langer Tradition die Wirtshauskultur im Herzen Münchens.

Das altehrwürdige Wirtshaus blickt auf eine lange und bewegte Geschichte zurück und auf seine internationale Bekanntheit, die von seiner bayerischen Tradition bis zur Moderne reicht.

Im Jahr 1883 wurde der Löwenbräukeller erbaut, im Zweiten Weltkrieg teilweise zerstört, jedoch anschließend in leicht veränderter Form wiederaufgebaut.

Unter dem Motto „so bayrisch wie noch nie" werden seit diesem Jahr die Gäste von der Wirtefamilie Reinbold begrüßt, die ebenfalls das Wirtshaus „Zum Franziskaner" am Opernplatz und das Schützenfestzelt auf dem Oktoberfest seit vielen Jahren betreiben.

Der Löwenbräu Biergarten lädt mit bewährter Tradition und neuem Schwung zu jeder Jahreszeit sine Gäste zur gemütlichen Einkehr.

Einst größte Brauerei der Welt, heute immer noch Spitze: der Löwenbräukeller am Stiglmaierplatz.

Anschrift

Löwenbräukeller
Nymphenburger Straße 2
80335 München

www.loewenbraeukeller.com
089 52 60 21

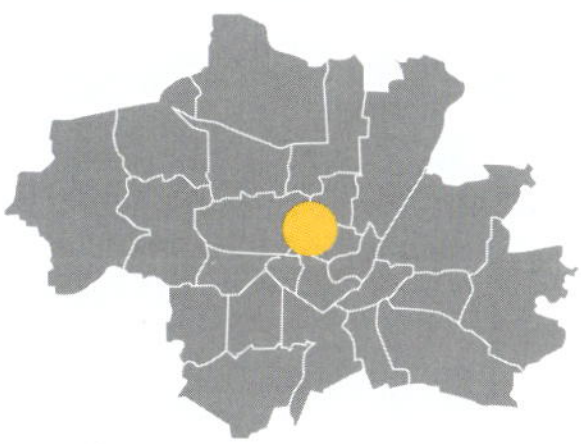

BIERGARTEN
600 Plätze Bedienbereich

SCHANKZEITEN
Mo-So 10-23 Uhr

SPIELPLATZ
Kein Spielplatz vorhanden

BIER
Löwenbräu Original Hell

SPEZIALITÄTEN
Sparerips, resche Schweinshaxe, Schmankerlpfannen

ÖPNV U Tram
U1/U7 sowie Tram 20/21 bis Stiglmaierplatz, direkt vor dem Haus

PARKEN
An der Straße

RAD
Radwege auf der Nymphenburger und Dachauer Straße

INFO
Biergarten und Bräustüberl sind barrierefrei

Seehaus im Englischen Garten

Mitten im Zentrum des Englischen Gartens: Im Seehaus treffen sich Studenten genau wie alteingesessene Schwabinger.

Traumhaft gelegen am Kleinhesseloher See inmitten des Englischen Gartens

Mitten im Englischen Garten, am Kleinhesseloher See, liegt das zur Kuffler Gruppe gehörende Seehaus. Direkt am Ufer oder unter Kastanien sitzt eine bunte Gästeschar: Studenten und Models, Familien und Schwabinger Künstler. Natürlich darf man seine Brotzeit mitbringen, aber viele Gäste entscheiden sich für die Köstlichkeiten aus der Biergartenküche. Die Damen wählen gerne frische Salate oder Parmesan mit Oliven und duftenden Blechkuchen aus der hauseigenen Patisserie. An der Bar am See / Haus gibt es Longdrinks, Paulaner-Zwickl-Bier und kleine, ausgewählte Gerichte. Im Seehaus Biergarten ist ganzjährig Betrieb: Im „Wintergarten" gibt's hausgemachte dampfende Suppen und mit etwas Glück einen Platz am zugefrorenen See auf dem sich die Schlittschuhfahrer und Eisstockschützen tummeln.

BIERGARTEN
2500 Plätze Selbstbedienung
300 Plätze Bedienbereich

SCHANKZEITEN
Mo–So 11–23 Uhr
ganzjährig geöffnet
Ab November: Wintergarten

SPIELPLATZ
Komplett umzäunt mit Schaukel und Rutsche

BIER
Paulaner

SPEZIALITÄTEN
Kuchen aus eigener Patisserie; Steckerlfisch von der Fischer Vroni; Leichte Gerichte und gesunde Snacks; Extras für Kinder; Eiswagen mit Bartu Bio-Eis auf dem Parkplatz; Crêpestation

Anschrift

Seehaus im Englischen Garten
Kleinhesselohe 3
80802 München

www.kuffler.de
089 381 61 30

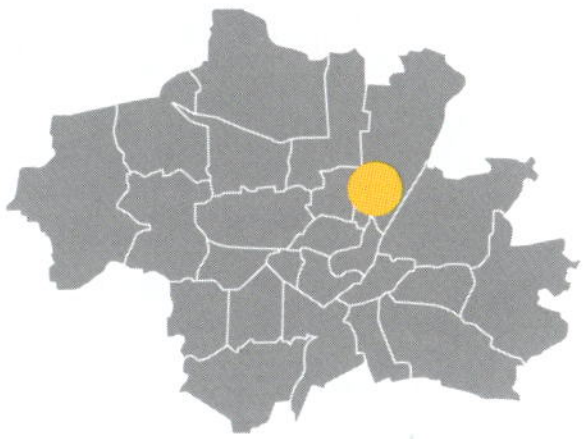

ÖPNV
U3/U6 bis Münchner Freiheit und kurzer Spaziergang durch den Englischen Garten oder Bus 59 bis Osterwaldstraße

PARKEN
Auf Zufahrtsstraße Gyßlingstraße kostenfrei oder kostenpflichtig vor dem Seehaus (BRK)

RAD
Radwege im Englischen Garten und der Isarradweg führen direkt bis vor das Seehaus; viele Fahrradständer vorhanden

Urlaub Dahoam!

Hirschau

Der familienfreundliche Biergarten im nördlichen Teil des Englischen Garten ist ein Paradies für Groß und Klein.

Die Hirschau ist herrlich im Grünen gelegen im Nordteil des Englischen Gartens

Hirsche gibt es hier zwar schon lange nicht mehr, dafür süffiges Bier sowie regionale und internationale Biergartenspezialitäten. Die Hirschau erfreut sich bei Familien, Spaziergängern und Radlfahrern großer Beliebtheit, nicht zuletzt wegen ihrer wunderschönen Lage im nördlichen Teil des Englischen Gartens.

Neben bayerischen Schmankerl und frisch gezapftem Löwenbräu-Bier, warten neuerdings auch vegetarische und vegane Gerichte auf Freunde der berühmten Biergarten-Gemütlichkeit.

Familienfreundlichkeit wird großgeschrieben. Für die Kleinen stehen Klettergerüst, Piratenschiff & Co. bereit, für die Großen sieben Tennis- und zwei Beachvolleyball-Plätze. So kann es schon mal vorkommen, dass waschechte Bayern in Lederhosen neben Tennisspielern im Sportdress auf einer Bierbank sitzen. An heißen Tagen spenden die Kastanienbäume des Englischen Gartens angenehmen Schatten. Seit 2013 wird die Hirschau von Familie Hagn & Spendler geführt.

Mei is des schee - a Busserl im Biergarten

Anschrift

Hirschau
Gyßlingstraße 15
80805 München

www.hirschau-muenchen.de
089 360 904 90

BIERGARTEN
2000 Plätze Selbstbedienung
120 Plätze bedienter Bereich

SCHANKZEITEN
Bei schönem Wetter:
Mo–Fr ab 12 Uhr
Sa + So ab 11 Uhr
bis die letzten Gäste gehen

SPIELPLATZ
Ca. 1000 Quadratmeter Spieleparadies inkl. Rutsche, Tischtennisplatte, Klettergeräten, Torwand, Seilbahn und Trampolin

ÖPNV U BUS
U6 bis Dietlindenstraße und Spaziergang durch den Englischen Garten oder Bus 59 bis Osterwaldstraße

SPEZIALITÄTEN
Biergarten-Schmankerl wie das beliebte Wiesnhendl, Fischer-Vroni-Steckerlfisch, Kaffee und Kuchen, abwechselnde Musikveranstaltungen (am Do-So - siehe Website)

BIER
Löwenbräu

PARKEN
70 kostenfreie Parkplätze am Haus

RAD
Direkt an Münchens beliebtesten Ausflugsradweg gelegen, Fahrradabstellplätze vor der Haustür

Mini Hofbräuhaus

Mini bedeutet für die Gäste: alles ein bisschen münchnerischer, kleiner, sympathischer, persönlicher und vor allem grüner.

Natur pur: das Mini HB liegt mitten im Englischen Garten zwischen den Bäumen.

Mitten im Nordteil des Englischen Gartens treffen sich die großen und kleinen Zwei- und Vierbeiner im Mini HB. Herzlich familiär geht es zu – 365 Tage im Jahr, egal, ob im Sommer im Biergarten oder im Winter im Zelt samt Feuerstelle und Christbaum.

Der Schweinsbraten wird hier zum Festbraten. Streng nach dem Schweinsbratenreinheitsgebot mit G'würz und G'müs im Rohr gegart, übergießt ihn der Koch mit reichlich Bier für eine resche Kruste. Das ofenfrische Schmankerl gibt es zudem zum sensationell günstigen Preis von 6,90* Euro. Bei dem Preis lässt so mancher die Brotzeit dann doch lieber zu Hause. Das Bier, frisch vom Fass und preislich ebenso ein Traum, mundet dem Münchner ebenso wie den Touristen.

Alles in allem bietet das Mini HB einen kleinen, aber feinen Biergarten mit konkurrenzlos günstigen Preisen.

Im Nordteil des Englischen Garten gelegen, ist das Mini Hofbräuhaus der perfekte Stop nach einem Spaziergang im Park.

Anschrift

Mini Hofbräuhaus
Gyßlingstraße / Am Gleisweg
80805 München

www.facebook.com/minihb
www.minihofbraeuhaus.de

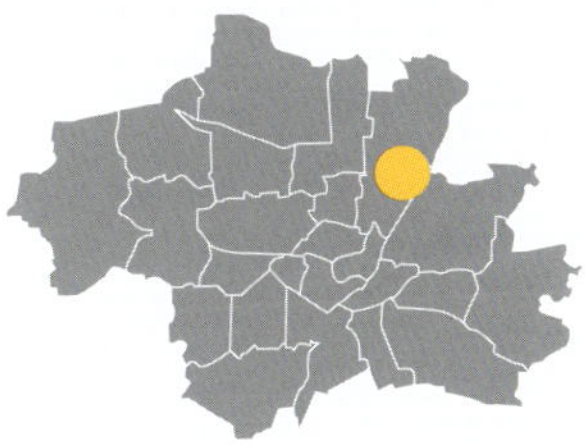

WIRTSGARTEN

150 Plätze Selbstbedienung. Wirtsgarten, bitte keine eigenen Speisen mitbringen

SCHANKZEITEN

Mo–So ab 9 Uhr

BIER

Hofbräu für

SPEZIALITÄTEN

Schweinsbraten für € 6,90* sowie andere bayerische Spezialitäten

ÖPNV U

U6 bis Nordfriedhof und dann 15 Min. Spaziergang durch den Englischen Garten, oder mit Bus 150 bis Amsterdamer Straße (hält hier nur Richtung Nordfriedhof)

PARKEN

Schwedenstraße im Westen bzw. Gyßlingstraße im Osten und dann 5–10 Min. Spaziergang durch den Englischen Garten

RAD

Durch den Englischen Garten direkt bis ans Mini HB

*Preise ohne Gewähr

Sankt Emmeramsmühle

Hoch die Maß im Englischen Garten: die Sankt Emmeramsmühle kombiniert gekonnt Tradition, Moderne und echtes Biergartenflair.

Das Gelände der ehemaligen Mühle beheimatet heute einen Biergarten

Regionale Küche trifft kühles Bier – wer Lust hat, in einem echt bayerischen Biergarten auf seine Kosten zu kommen und dabei auch noch den berühmten englischen Garten in München zu besuchen, der sollte in der Sankt Emmeramsmühle einkehren.

Am Rande des Englischen Gartens gelegen, ist der Biergarten ein beliebtes Ziel bei Urlaubern und Ur-Münchnern.

Gerade bei Sonnenschein lädt der Englische Garten zum Picknick ein. Nichts dabei? Macht nichts, denn in der Sankt Emmeramsmühle wird an alles gedacht.

Der Picknickwagen ist gefüllt mit Decke, Sonnenschirm, kleinen Snacks und kühlen Erfrischungen. Damit ist er die perfekte Grundlage für ein Picknick zu zweit oder auch für einen lustigen Tag mit Freunden oder der Familie.

Mit dem Picknickkorb-Service können Sie Ihren Schatz ganz entspannt in den Englischen Garten entführen.

Anschrift

St. Emmeramsmühle
St. Emmeram 41
81925 München

www.emmeramsmuehle.de
089 953 971

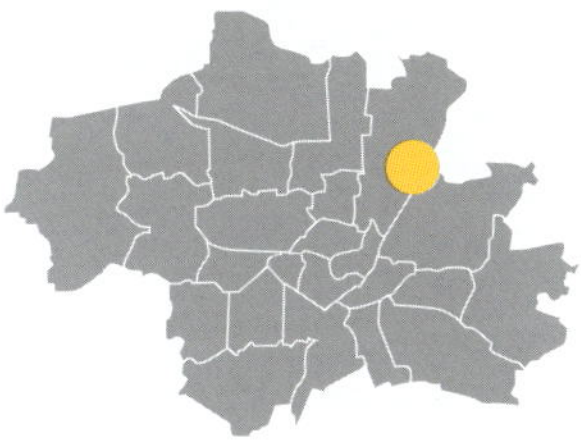

WIRTSGARTEN
800 Plätze Bedienbereich

SCHANKZEITEN
Mo–Sa 11–23.30 Uhr
So 10–23.30 Uhr

BIER
Spaten

SPIELPLATZ
Zwei Spielplätze und umliegende Wiesen

SPEZIALITÄTEN
Modern interpretierte Regionalküche und traditionelle bayerische Spezialitäten

ÖPNV
U6 bis Studentenstadt, dann mit Bus 50 bis St. Emmeram oder Bus 188/189 und Tram 16/37 jeweils bis St. Emmeram

PARKEN
Zahlreiche Parkmöglichkeiten vor dem Haus, bei schönem Wetter mit dem Parkservice des Hauses

RAD
Durch den Englischen Garten oder über den Isarradweg

Von weitem zeigt sich die prächtig gelegene Emmeramsmühle in ihrer ganzen Schönheit.

Gasthof Feringasee

Am Feringasee, einem Eldorado für Frischluftfanatiker, erwartet die Gäste ein typisch bayerischer Biergarten.

Eldorado für Münchner Erholungssuchende

Das Biergarten und Stadtstrand zusammenpassen, beweist Familie Faltermaier am Feringasee seit 30 Jahren. Im Sommer ist der See ein Eldorado für die gestressten Einheimischen, auf der Suche nach etwas Erholung und vor allem Erfrischung. Was könnte besser zum Sprung ins kühle Nass passen, als im Anschluss eine frischgezapfte Maß Bier – Erfrischung von außen und innen sozusagen.

Nicht kommerziell, sondern traditionell geht es am Feringasee zu. So dürfen Gäste hier auch gerne mit dem prall gefüllten Picknickkorb anreisen. Wenn man gerade nichts zu Hause hat, kein Problem: Je nach Saison haben Hungrige die Qual der Wahl zwischen Köstlichkeiten aus Wald, Flur, Luft und Meer.

Übrigens: Der Biergarten am Feringasee ist ganzjährig teilbestuhlt – damit steht dem Vergnügen auch im Winter nichts im Wege.

Massive Holzgarnituren sorgen für bajuwarisches Flair

Anschrift

Gasthof Feringasee
Am Feringasee 1
85774 Unterföhring

www.gasthof-feringasee.de
089 950 53 75

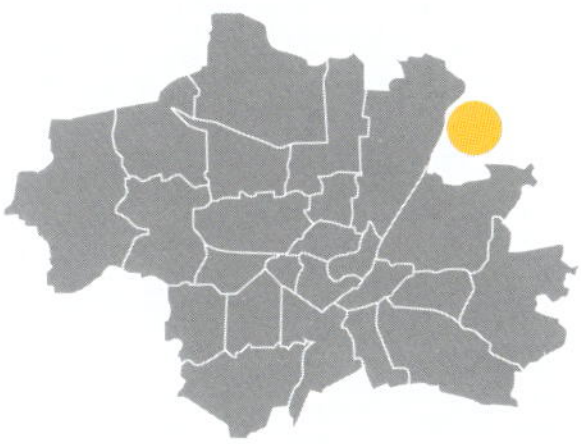

BIERGARTEN
800 Plätze Selbstbedienung
160 Plätze Bedienbereich

SCHANKZEITEN
Mo–So 11–22.30 Uhr

SPIELPLATZ
Mehrere Spielplätze rund um den See, Beach-Volleyball-Feld

BIER
Spaten

SPEZIALITÄTEN
Schmankerl vom Holzkohlegrill

ÖPNV BUS S
S8 bis Unterföhring und 30 Min. Fußweg oder Bus 189 bis Unterföhring, Medienallee und 15 Min. Fußweg

PARKEN
2500 Parkplätze (im Sommer kostenpflichtig)

RAD
Über zahlreiche Rad- und Feldwege anfahrbar. Isarradweg bis Unterföhring, danach der Beschilderung folgen

Gestandener Biergarten am Badesee

Paulaner Bräuhaus

Das Paulaner Bräuhaus lockt mit hausgebrauten Bieren und bajuwarischen Leckerbissen.

Mitten in München ist der Biergarten des Paulaner Bräuhaus.

Das Paulaner Bräuhaus ist ein ganz besonderes Schmakerl für Bierfans. Hier kann man sich in mitten der kupferfarbenen Braukessel ein gemütliches Platzerl zum verweilen suchen. An Brautagen wird das Bräuhaus an der Kapuzinerstraße mit einem atemberaubenden Duft geflutet. Und wer ganz genau wissen will, wo der Duft her kommt, kann selbst verständlich auch eine Führung vor Ort machen.

Die selbst gebrauten Biere reichen von den eher klassischen Sorten wie dem Zwickl und der Bräuhaus Weisse bis hin zu saisonalen Spezialitäten wie Pale Ale und Whiskey Bock. Die Essenskarte steht der Bierauswahl in nichts nach. Das Simmetaler Ochsenfilet in Cognac-Pffersoße mit Ringelbete und Bockbierkrapfen, welches die Autoren beim letzten Besuch verköstigt haben, war ein wahrer Gaumenschmauß.

Ein prachtvolles Sudhaus mitten im Bräuhaus. Mit etwas Glück hat der Braumeister kurz Zeit für einen Plausch.

Anschrift

Paulaner Bräuhaus
Kapuzinerplatz 5
80337 München

www.paulaner-brauhaus.de
089 544 61 10

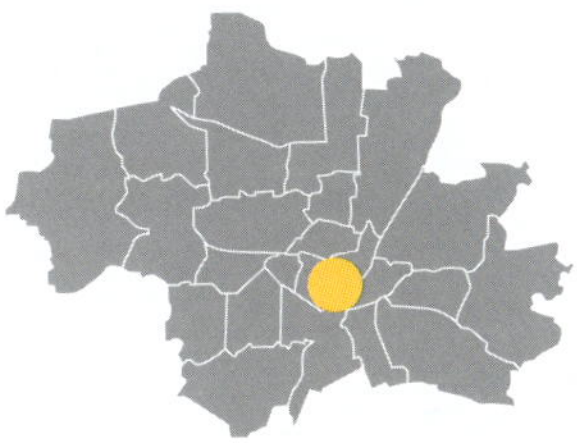

BIERGARTEN
600 Plätze Selbstbedienung
200 Plätze Bedienbereich

SCHANKZEITEN
Mo–So 12–22 Uhr

SPIELPLATZ
Kleiner Spielplatz vorhanden

BIER
Hausgebrautes Bier

SPEZIALITÄTEN
Hausgebrautes Zwickl, Lugeder Ente, Brotzeitdaube

ÖPNV U BUS
Bus 58 bis Kapuzinerplatz oder U3/U6 bis Goetheplatz (Ausstieg Richtung Arbeitsamt)

PARKEN
In den umliegenden Straßen

RAD
Radweg an der Kapuzinerstraße, lediglich 500 m zum Isarradweg an der Wittelsbacher Brücke

Selbst gebraut und frisch gezapft – so schmeckt Bier am besten.

Bräustüberl Weihenstephan

Im Epizentrum des Bieres: Die älteste Brauerei der Welt, ein Lehrstuhl für Brauereitechnologie – und natürlich ein Biergarten!

Herrliche Lage: Von hier aus hat man einen wunderbaren Blick über die Stadt Freising.

Das Bräustüberl Weihenstephan liegt direkt neben der ältesten Brauerei der Welt – der „Bayerischen Staatsbrauerei Weihenstephan" (seit 1040). 725 gründete der Heilige Korbinian mit zwölf Gefährten auf dem Nährberg bei Freising ein Benediktinerkloster und begründete damit die Braukunst in Weihenstephan. Denn wo im Mittelalter ein Kloster stand, da wurde auch gebraut.

Mit seiner jahrhunderte alten Geschichte zählt das Bräustüberl zu den traditionsreichsten Gasthäusern Bayerns und ist zudem die Geburtsstätte einer der berühmtesten bayerischen Käsespezialitäten, des „Obazdn".

Doch neben Tradition hat Weihenstephan auch viel in Sachen Forschung und Fortschritt zu bieten. Die Fakultät für Brau- und Getränketechnologie der Technischen Universität München ist ein Zentrum für Braumeister aus aller Welt. Sudhaus, Gärtanks und Kellergebäude mit modernster Technologie garantieren hervorragende Bierprodukte.

Mitten auf dem Campus des Lehrstuhls für Brauereitechnologie befindet man sich am Ursprung des Bieres.

Anschrift

Bräustüberl Weihenstephan
Weihenstephaner Berg 10
85354 Freising

www.braeustueberl-weihenstephan.de
081 611 30 04

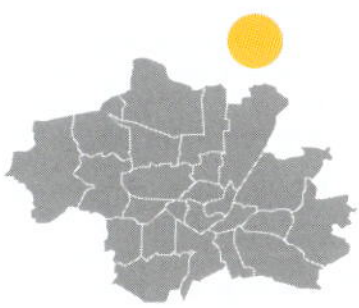

BIERGARTEN
360 Plätze Selbstbedienung
180 Plätze Bedienbereich

SCHANKZEITEN
Mo-So 10–24 Uhr

BIER
Weihenstephaner

SPEZIALITÄTEN
Kalt: verschiedene Salat-Variationen, Obazda, Tomate-Mozzarella, Warm: Schweinshaxn, Schweinebraten, Spareribes

ÖPNV BUS S
S1 bis Freising HBF, dann mit Bus 638 bis Weihenstephan oder 20 Min. Fußweg über den Lindenkeller Berg durch den Hofgarten ab Freising HBF

PARKEN
Ausreichend Parkplätze vor dem Haus

RAD
Isarradweg in der Nähe

Airbräu Flughafen München

Willkommen in Bayern! Im Airbräu genießen Gäste & Rückkehrer die Vorzüge der bayerischen Brau- und Küchenkunst.

Auf einen Sprung ins Airbräu vor dem Abflug - im Airbräu genießen die Gäste das hauseigene Bier.

Das Airbräu am Flughafen München ist die welweit erste Flughafenbrauerei mit Gaststätte, die es an einem Flughafen gibt.

Da bietet es sich natürlich an, sich vor dem Abflug zum Abschied mit seinen Liebsten in den Biergarten zu setzen und gemeinsam die bayerischen Leckereien zu genießen. Bei vielen Reisenden ist dies bereits zu einer festen Tradition geworden: Vor der Abreise bzw. nach der Rückkehr ein Check-In im Airbräu. Nach einer langen Reise sehnt man sich schließlich wieder nach einem guten heimischen Bier, genau so, wie es das Airbräu braut. Die Brauerei setzt auf eine schonende und nachhaltige Produktion mit Rohstoffen aus der Region. Der Hopfen wird aus der Hallertau bezogen und das Malz von Mälzereien aus dem Umland. Natürlich wird das Bier nach dem Reinheitsgebot von 1516 gebraut.

So kommt es, dass man neben den Touristen viele Familien im Biergarten sieht, die sich bei einem kühlen Bier freuen, ihre Liebsten wieder in die Arme schließen zu können.

Das Airbräu ist eine Bastion bayerischer Gemütlichkeit am Flughafen München.

Anschrift

Airbräu
Terminalstraße Mitte 18
85356 München-Flughafen

www.airbraeu.de
089 975 931 11

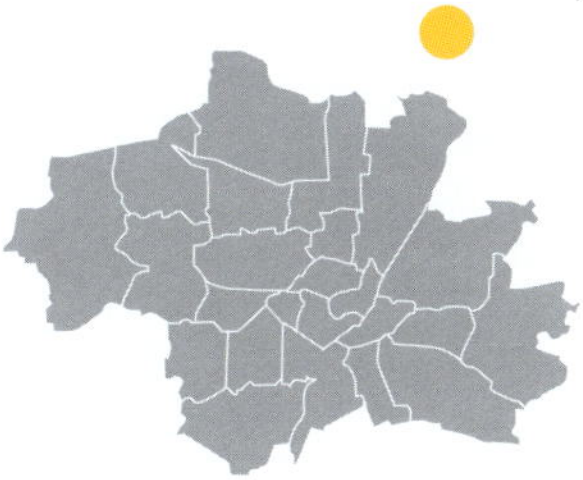

BIERGARTEN
600 Plätze Bedienbereich

SCHANKZEITEN
Mo-So 10:00-21:00 Uhr

BIER
Hausgebrautes Airbräu-Bier

SPEZIALITÄTEN
Alles was das Herz in einem bayerischen Restaurant höherschlagen lässt sowie saisonale Gerichte mit Produkten aus unserer Region und hausgemachtes Eis.

ANREISE S
S1/S8 bis Flughafen
Alle Flugverbindungen mit dem Ziel Flughafen München

PARKEN
3 Stunden kostenfrei parken in P20 ab einem Mindesverzehr von 20€. Kostenpflichtig in allen umliegenden Parkäusern.

Zur Fidschi

Ein Seebiergarten im Münchner Osten, der die Einheimischen und Ausflügler erfreut

Der Fidschi-See ist sehr beliebt bei den Münchner um sich eine kleine Außzeit zu nehmen.

Der Fidschisee ist nicht wie sein Name vermuten läßt ein Binnengewässer in der Südsee, sondern ein Badesee im Südosten von München. Eigentlich heißt der See Heimerstettener See, aber im Volksmud sagt das keiner.

Der Name geht angeblich zurück auf einen Baggerfahrer, welcher am See das Kies förderte und Vilatschko hieß. Weil dies in der bayerischen Mundart nicht ganz rund klingt, wurde bald Vidschä und später Fidschi oder Fidji draus. So kam es, dass es im Münchner Osten einen Baggersee mit dem Namen einer Südseeinsel gibt.

Aber zurück zum Wichtigen, das Ehepaar Gersztein hat kürzlich den Biergarten übernommen und ordentlich auf Vorderman gebracht. Jetzt erfreuen sich Ausflugsgäste, Wassersportler und Sonnenanbeter gleichermaßen am frischen Hellen oder einem gepflegten Hugo unweit des Seeufers.

Ein Sprung in den See und danach in den Biergarten.

Anschrift

Zur Fidschi
Seestraße 40
85609 Aschheim

www.fidschi-see.de
info@fidschi-see.de

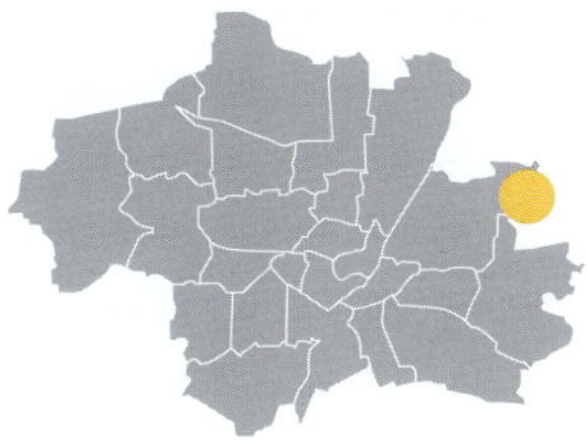

BIERGARTEN
300 Plätze Selbstbedienung
100 Plätze Bedienbereich

SCHANKZEITEN
Mo-So 11 bis Sonnenuntergang

SPIELPLATZ
In Sichtweite mit neuen Geräten

BIER
Ayinger

SPEZIALITÄTEN
Crêpes, Biergartenklassiker wie Obazda, Leberkäse, Fleischpflanzerl, Sa. und So. Steckerlfisch

ÖPNV S BUS
S2 bis Feldkirchen danach Bus 230 bis Dornacher Straße. Von dort 10 Min. Fußweg.

PARKEN
Parkplätze des Heimerstettener See

Franziskaner Garten

Ein Platz zum Erholen – der Franziskaner Garten bietet eine Insel im hektischen München und punktet mit tollen Spareribs.

Hoch zu Ross an der Friedenspromenade: ein Pferdefuhrwerk vor dem Franziskaner Garten

Direkt an der langen Friedenspromenade in Trudering öffnet der Franziskaner Garten seine Pforten. Auch an heißen Tagen ist der Biergarten ein beliebtes Ziel bei Jung und Alt, denn große Kastanien spenden viel Schatten.

Versteckt hinter Hecken eröffnet sich ein wahres Paradies für Radfahrer, Spaziergänger, Nachbarn und Urlauber. Der Wirtsfamilie liegt das Wohl der Gäste am Herzen. Als urbayerischer Biergarten bietet der Franziskaner Garten daher nicht nur wohlschmeckende Schmankerl und kühles Bier.

Fast schon legendär ist das alljährliche Lampionfest, an dem der Biergarten in schummeriges Licht getaucht ist und bei Livemusik die Beine geschwungen werden.

Aber auch an jedem anderen schönen Tag ist der Franziskaner Garten eine gute Wahl, um alle Fünfe grad sein zu lassen.

Die Ruhe vor dem Sturm. Die saftig grünen Kastanien und leeren Tische warten auf den Besucheransturm.

Anschrift

Franziskaner Garten
Friedenspromenade 45
81827 München

www.franziskanergarten.de
089 430 09 96

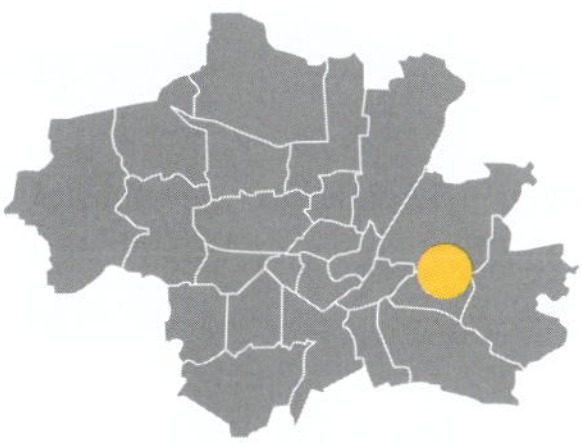

BIERGARTEN
2000 Plätze Selbstbedienung
200 Plätze Bedienbereich

SCHANKZEITEN
Mo–So 11–22 Uhr

SPIELPLATZ
Großer, eingezäunter Spielplatz

BIER
Spaten Helles und Franziskaner Weißbier

SPEZIALITÄTEN
Spareribs und BBQ-Sauce nach Hausrezept, Steckerlfisch von der Fischer Vroni

ÖPNV U BUS S
S4/S6 oder U2 bis Trudering, dann Bus 192 bis Vogesenstraße. Alternativ Bus 195 bis Vogesenstraße ab Michaelibad oder Neuperlach Süd.

PARKEN
Einige Parkplätze vor dem Haus, ansonsten in den umliegenden Straßen

RAD
Radweg entlang der Wasserburger Landstraße

Ayinger Ottobrunn

Authentisches Bayern im Zentrum von Ottobrunn mit hervorragendem Essen und den Ayinger Bierspezialitäten.

Graibig sitzen hier die Männer beim Weißbier

Melanie und Markus Grenzdörffer haben aus dem Ayinger in Ottobrunn ein kleines Schmuckkästchen gezaubert. Das Resturant überzeugt mit einem charmanten Ambiente, welches die bayerische Gelassenheit ausstrahlt. Mit viel Holz, aber eben doch elegant und modern, ist die ganzjährige Alm und die Stuben im Restaurant eingerichtet. Hier feiert es sich hervorragend im alpenländischen Flair. Die bayerisch-österreichische Küche ist wie die Einrchtung: bodenständig und zeitgemäß zugleich. Die Burger haben vom Wirtepaar eine besondere Portion Liebe abbekommen. 100% Rindfleisch, frische Brötchen, hausgemachte Saucen... die Formel für Gutes kann so einfach sein. Im Sommer sorgt der Pool für Erfischung und in den Liegestühlen am OTTOSTRAND lässt sich die Sonne herrlich geniesen.

BIERGARTEN
1000 Plätze Selbstbedienung
200 Plätze Bedienbereich

SCHANKZEITEN
Mo - Fr ab 16 Uhr
Sa, So und Feiertag ab 12 Uhr

SPIELPLATZ
Direkt am Biergarten

BIER
Ayinger

SPEZIALITÄTEN
Neben den Biergartenspezialitäten wir Obazdn, Spareribs etc. vor allem für seine Burger bekannt. News für 2021: Public Viewing zur EM mit Großbildleinwand.

Anschrift
Ayinger Ottobrunn
Rathausplatz 2
85521 Ottobrunn

www.ayinger-ottobrunn.de
089 74 74 74 05

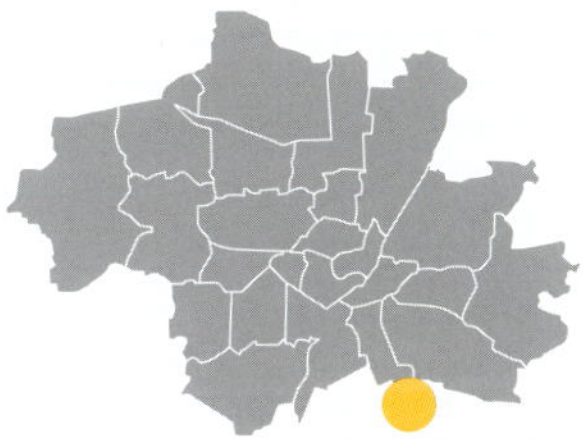

ÖPNV
U5 bis Neuperlach Süd, dann mit Bus 210 bis Ottobrunn Ortsmitte oder S3 bis Unterhaching, dann mit Bus 221

PARKEN
200 Tiefgaragenplätze im Wolf Ferrari Haus und an der Straße Rund um den Biergarten

RAD
Gut erreichbar über die lokalen Radwege in Ottobrunn

Eine ordentliche Brotzeit serviert hier die Chefin des Hauses.

Wirtshaus Leiberheim

In Münchens Südosten ist das Leiberheim ein typisch bayerischer, urgemütlicher und kinderfreundlicher Biergarten.

Der Biergarten Leiberheim ist der einzige in München, der Bier aus der Familienbrauerei Erharting ausschenkt

Leiber ist der volkstümliche Spitzname für die Angehörigen des Bayerischen Infanterie-Leib-Regiments, welches in Friedenszeiten die Ehre hatte, Dienst in der Nähe des Königs zu tun. 1907 wurde zur Erholung der Truppe das Leiberheim errichtet, das wir heute als althergebrachtes Ausflugslokal in Münchens Südosten kennen. Regelmäßig auftretende Blasmusik ist in diesem Ambiente ein Highlight. Dazu ist das am Grill im Ganzen knusprig gebratene Spanferkel ein Schmankerl für Auge und Gaumen.

Egal, wie man es dreht und wendet, das Leiberheim ist ein Prachtstück der Münchner Biergartenkultur. Falls Sie Ihr Weg nicht zufällig dort hinführt, sollten Sie einen Ausflug planen.

Während sich die Kinder am großen Spielplatz vergnügen, können die Eltern die Brotzeit genießen und dabei das kostenfreie WLAN nutzen.

Leckereien der süddeutschen Küche: Frischkäseschmankerl

Anschrift

Wirtshaus Leiberheim
Nixenweg 9
81739 München

www.leiberheim.de
089 43 00 000

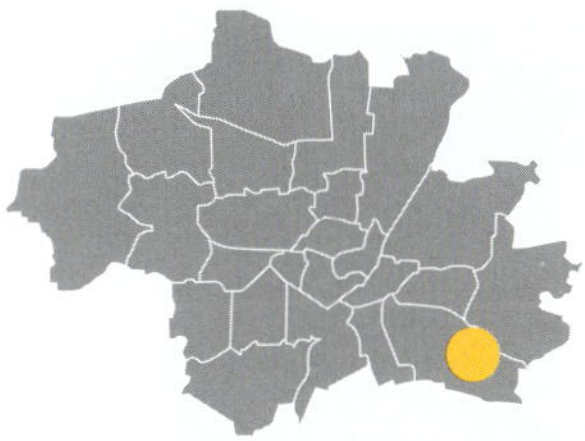

BIERGARTEN
2000 Plätze Selbstbedienung
180 Plätze Bedienbereich

SCHANKZEITEN
Mo–Sa 14–23 Uhr
So 11–23 Uhr

SPIELPLATZ
Großer umzäunter Spielplatz mit Bobbycar, Netzschaukel, Klettergerüsten und Rutschen

BIER
Familienbrauerei Erharting

SPEZIALITÄTEN
Bayerische Spezialitäten wie Frischkäseschmankerl sowie mediterrane Leckereien

ÖPNV
S7 bis Neubiberg, Mit U5/U7/U8 bis Neuperlach Zentrum und weiter mit Bus 55 bis Waldperlach

PARKEN
Ausreichend vorhanden

INFO
Im Winter (Nov. bis April) bietet die Volksbühne Neubiberg-Ottobrunn verschiedene Theaterstücke im großen Saal dar

Spezielle Biere werden im Leiberheim immer noch in Erhartinger Tonkrügen ausgeschenkt

Ayinger Bräustüberl

Schon seit über 100 Jahren ist das Bräustüberl ein beliebtes Ausflugs- und Einkehrziel im südlichen Münchner Umland.

Gemütlich, traditionell, bayerisch: Der Biergarten des Ayinger Bräustüberl

Im Herzen von Aying, behütet von alten Bäumen und gleich neben der Dorfkirche, liegt das Ayinger Bräustüberl – seit seiner Erbauung 1873 eine bayerische Traditions- und Schankwirtschaft, die von der renommierten Brauerfamilie Inselkammer betrieben wird. Im schönen Biergarten genießt man die Biere der Ayinger Brauerei stets so frisch gezapft, wie man es sich nur wünschen kann. Einheimische und Ausflügler treffen sich hier zur Brotzeit oder bayerischer Hausmannskost.

Das Bier gibt's jeden Tag ab 17 Uhr frisch aus dem Holzfass, ein Traum für jeden Bierliebhaber. Für's E-Bike gibt's an den Ladesäulen Strom zum nachtanken.

Im Frühjahr 2020 wurde der Selbstbedienungs-Bereich komplett renoviert, auch der Außenbereich davor wurde sehr geschmackvoll umgestaltet – eine absolute Bereicherung!

Ob man nach einer Radltour einkehrt oder mit dem Auto vorfährt, die freundlichen Bedienungen im Trachtengewand und die Atmosphäre sind wie ein Ausflug in eine gute alte Zeit.

Nicht nur die Ayinger lassen sich das Bier der ortsansässigen Brauerei gerne schmecken

Anschrift

Ayinger Bräustüberl
Münchener Straße 2
85653 Aying

www.ayinger-braeustueberl.de
080 95 13 45

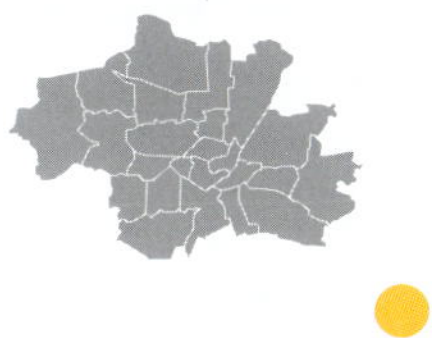

BIERGARTEN
250 Plätze Selbstbedienung
150 Plätze Bedienbereich

SCHANKZEITEN
Bedienter Bereich:
Mo–So 09–24 Uhr
SB-Bereich:
Mo–Fr ab 17 Uhr
Sa, So ab 11 Uhr

PARKEN
50 Parkplätze nebenan auf dem alten Brauereigelände.
In 50m Entfernung weitere Parkplätze.

BIER
Biere der Ayinger Privatbrauerei

SPEZIALITÄTEN
Spareribs (800 g), ofenfrischer Schweinsbraten, deftige Brotzeiten, Kaiserschmarrn

ÖPNV S
S7 bis Aying und 10 Min. Fußweg

SPIELPLATZ
Zwei Spielplätze direkt im Biergarten, einer in 200 m Entfernung

RAD
Mangfall-Radweg, Via Julia-Radweg, MVG Tour Nr. 3 – ins Mangfalltal

Zum Wofen

Im Wirtsgarten des Markus Wasmeier Freilichtmuseum Schliersee gibts handgeschöpftes Bier.

Gemütlich geht's zu im Biergarten "Zum Wofen" im Freilichtmuseum

Besucher erleben eine unvergessliche Reise in die Vergangenheit. Zwölf historische Gebäude wurden detailgetreu restauriert und auf dem Museumsgelände wieder aufgebaut, um dem bäuerlichen Alltag des 18. Jahrhunderts neues Leben einzuhauchen. Initiator des altbayerischen Bauernhofdorfes ist kein geringerer als die Skifahrerlegende Markus Wasmeier. Er ist nicht nur ein erfolgreicher Skirennfahrer und zweifacher Olympiasieger, sondern auch ein ausgesprochener Liebhaber seiner Heimat. Im altbayerischen Wirtshaus „Zum Wofen" kann man bayerische Heimat spüren und schmecken! Besucher werden mit hausgemachten Spezialität verwöhnt.

Im Biergarten mit Blick auf das atemberaubende Bergpanorama, schmeckt das selbst gebraute Museumsbier bei einer herzhaften Brotzeit besonders gut.

Zünftig hocken's zam und spuin' a Musi

Anschrift

Markus Wasmeier Freilichtmuseum
Brunnbichl 5
83727 Schliersee

www.wasmeier.de
office@wasmeier.de

WIRTSGARTEN
150 Plätze im Bedienbereich

SCHANKZEITEN
Di-So 10-17 Uhr
Mo Ruhetag, außer Feiertagen
Achtung: nur von 27.03.2021 bis 7.11.2021 geöffnet

SPIELPLATZ
Historische Spielstationen, Holzkegelbahn, Stelzen, Skibrettel laufen, Tiere

BIER
Selbstgebrautes Museumsbier

PARKEN
Vor dem Museumsgelände

SPEZIALITÄTEN
Deftige Bierbrauer-Brotzeit, herzhafter Wurstsalat, Museums-Bierwürstl, Wasmeiers hausgemachter Schweinsbraten

EINTRITTSPREISE
Der Biergarten befindet sich auf dem Museumsgelände und erfordert folgende Eintrittspreise:
Erwachsene 8,90 €*
Kinder 8-15 Jahre 4,90 €*,
Kinder bis 7 Jahre frei
Familienkarte 18,90 €* (2 Erwachsene und bis zu 3 Kinder)

ÖPNV
Bayerische Regionalbahn (BRB) bis Haltestelle Fischhausen-Neuhaus, Fahrzeit ab München Hauptbahnhof ca. 1 Stunde

Idyllisch gelegen, am südlichen Ende des Schliersees, unweit der bayerischen Alpen.

*alle Preise ohne Gewähr

Hofbräukeller

Ende des 18. Jahrhunderts entstand der traditionsreiche Hofbräukeller als Bierdepot außerhalb der Stadtmauer.

Im Hofbräukeller kann man es sich unter lauschigen Kastanien gemütlich machen.

Wer schon einmal auf der Wiesn war, der kennt auch die Familie Steinberg. Die Wirtsfamilie vom Hofbräukeller führt neben dem Biergarten auch das berühmte Hofbräu-Festzelt auf der Wiesn.

Hinter der historischen Fassade des Hauptgebäudes, stehen dicht bewachsen herrlich Kastanien und geben dem Hofbräukeller seinen heimeligen Charakter.

Nicht ohne Grund steht der Biergarten am Isarhochufer. Dieses Hochufer erwies sich Ende des 18. Jahrhunderts als idealer Standort um Bierkeller in den Sandstein zu graben. Die nahegelegene Isar versorgte die Keller im Winter mit Stangeneis. Unterstützt durch den Schatten der Kastanien blieb das Bier bis in den Sommer kühl. So entstanden die Biergärten und die Stadtbewohner kommen heute, wie damals in den Hofbräukeller um sorgenfreie Stunden bei einem kühlen Bier zu erleben.

BIERGARTEN
1750 Plätze Selbstbedienung
400 Plätze Bedienbereich

SCHANKZEITEN
Mo–So 10–22 Uhr
bei trockenem Wetter
(Änderungen vorbehalten)

SPIELPLATZ
Mit Kletterturm, Rutsche und Sandkasten; z.T. mit Betreuung

BIER
Hofbräu

SPEZIALITÄTEN
Deftige bayerische Küche, wie sich´s gehört; zu empfehlen sind besonders Flammkuchen und Steckerlfisch. Mandelhütte mit allem, was das Naschkatzen-Herz begehrt.

Anschrift

Hofbräukeller am Wiener Platz
Innere Wiener Straße 19
81667 München

www.hofbraeukeller.de
089 45 99 25-0

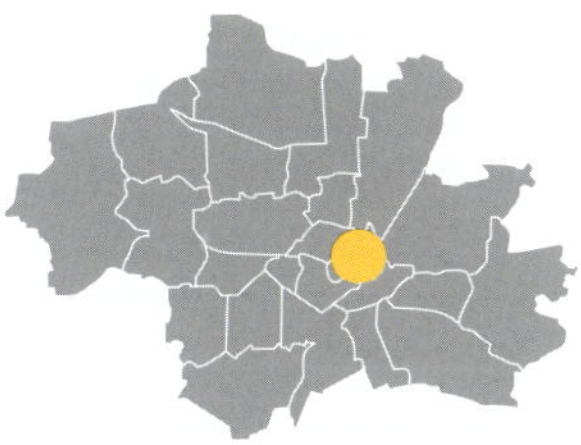

ÖPNV U Tram
U4/U5 bis Max-Weber-Platz, Tram 15/25 bis Max-Weber-Platz (Johannisplatz) oder Tram 19/21 bis Maximilianeum; Bus 155 Max-Weber-Platz

PARKEN
Öffentliches Parkhaus; für Gäste € 1,00 statt € 2,60 pro Stunde

RAD
Zahlreiche Radwege aus dem Englischen Garten und an der Isar entlang führen direkt an den Fuß des Hofbräukellers.

Das heutige Gebäude des Hofbräukellers wurde 1892 errichtet.

Wirtshaus zum Isartal

Urlaub vom Alltag – ein Stück Asien und ein Stück Bayern vereinen sich im Wirtshaus zum Isartal mit ganz viel Kultur.

Fünf gestandene Kastanien und viel weiteres Grün

So gemütlich und ruhig kann es unweit des Mittleren Rings sein.

Als wäre die zentrale Lage nahe der Isar nicht schon ein Highlight beim Wirtshaus zum Isartal, werden die Gäste hier in das ferne Asien entführt.

Zugegeben, auf den ersten Blick mag es ein wenig verwirrend sein, den Biergarten zu betreten. Statt klassische Bierbänke gibt es vorwiegend Gartenmöbel aus Bambus, statt Kastanienbäumen spenden viele Palmen kühlen Schatten. Am Abend wird der Biergarten dann in ein schummeriges Licht getaucht – hier kommt Urlaubsfreude auf.

Der Radler macht hier ebenso gerne Halt für eine kühle Maß, wie der Jogger, der von der Isar aus einkehrt. Und

Pagode und Lampions sorgen für fernöstliches Flair.

das ist noch nicht genug: Im Wirtshaus zum Isartal finden Kulturliebhaber ein buntes Bühnenprogramm, hier wird gerne Theater gemacht. Da ist es kein Wunder, dass der Biergarten bei Groß und Klein gleichermaßen beliebt ist.

ÖPNV U BUS
U3 oder Bus X30 bis Brudermühlstraße oder Bus 54 bis Schäftlarnstraße

PARKEN
Straßenparken in der in der Hans-Preißinger-Straße gratis

RAD
Ein Steinwurf vom Isarradweg auf Höhe Brudermühltunnel

Anschrift

Wirtshaus zum Isartal
Brudermühlstraße 2
81371 München

www.wirtshaus-zum-isartal.de
089 77 21 21

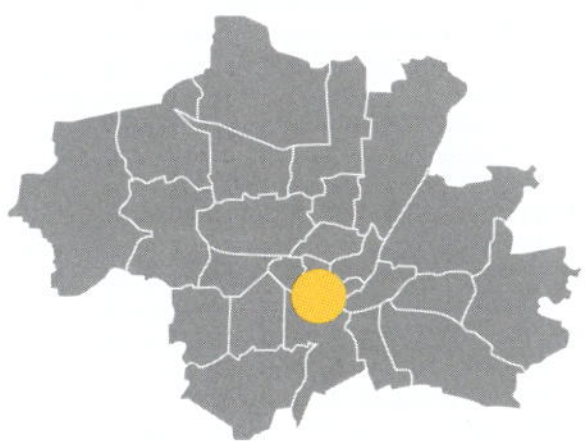

WIRTSGARTEN
420 Pläze Bedienbereich, Wirtsgarten, bitte keine eigenen Speisen mitbringen

SCHANKZEITEN
Mo–Fr 11–1 Uhr
Sa, So 10–1 Uhr
Garten ist Wetterabhängig von Juni bis August, Teilüberdachter bereich im Sommer immer geöffnet. Genaue Öffnungszeiten auf der Webseite ersichtlich.

SPIELPLATZ
Kein Spielplatz vorhanden

BIER
Augustiner vom Holzfass

INFO
Das Wirtshaus hat ein angeschlossenes Theater das unter anderen Volksbühne, Jazz, Kleinkunst, Theater, Shows, Konzerte usw. bietet.

Harlachinger Einkehr

In diesem gemütlichen Familienbetrieb erleben Sie Urwaldgeräusche und Biergartenschmankerl, die es sonst nirgendwo gibt.

Hier kehren die Einwohner der Landeshauptstadt bereits seit dem Jahre 1858 ein.

Drei Generationen, ein Biergarten: Wer in der Harlachinger Einkehr durch die Türe geht, spürt sie sofort, diese familiäre Herzlichkeit, mit der die Gäste aufgenommen werden. Hier auf dem Hochufer der Isar auf Höhe des Thalkirchner Zoos scheint die Welt noch in Ordnung: kein Stress, keine Hektik. Nur ab und an ertönt das Trompeten der Elefanten oder ein kleiner Tumult aus dem Affenhaus. Wie es sich für einen echten Biergarten gehört, darf auch hier die Brotzeit selbst mitgebracht werden.

Das Logo ist Programm und zeigt die Verbundenheit mit dem nahegelegenen Zoo.

Bereits ab Januar sitzen die ersten Gäste auf der windgeschützten Sonnenterrasse und genießen die stärker werdende Sonne und die angenehme Ruhe. Zwei Tipps für Sparfüchse: In der Harlachinger Einkehr gibt es Weißwürste in der Weißwurstzeit und die Happy Maß von 16 bis 18 und ab 22 Uhr zum Sonderpreis.

ÖPNV Tram

Tram 15/25 bis Tiroler Platz

PARKEN

Kleiner Parkplatz direkt vor dem Haus, ansonsten an der Straße

RAD

Auf dem Isarradweg auf Höhe Zoo abbiegen und den Anstieg aufs Hochufer nehmen

Anschrift

Harlachinger Einkehr
Karolinger Allee 34
81545 München

www.harlachinger-einkehr.de
089 642 090 93

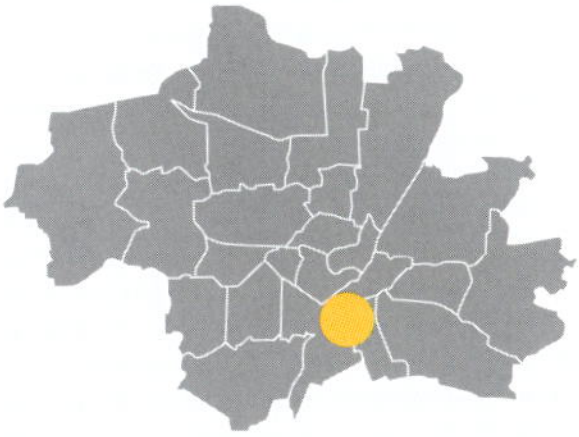

BIERGARTEN

800 Plätze Selbstbedienung
200 Plätze Bedienbereich

SCHANKZEITEN

Mo–Fr ab 14 Uhr
Sa, So und Feiertags ab 12 Uhr, bis die letzten Gäste gehen

BIER

Augustiner

SPIELPLATZ

Gut einsehbarer Spielplatz mit Trampolin

SPEZIALITÄTEN

Spareribs, Steckerlfisch und weitere Biergartenklassiker, außerdem abwechslungsreiche Specials wie Tafelspitz und Ente.

Gasthof Hinterbrühl

Von vorne Gutshaus, von hinten Biergarten: Der Gasthof Hinterbrühl in den südlichen Isarauen vereint Tradition und Stil.

In Hinterbrühl treffen junge Münchner, Familien und Urlauber auf bayerische Tradition.

Das sanfte Geräusch von einem Paddel im Wasser ist die perfekte Geräuschkulisse für eine Maß Hacker-Pschorr.

Dank der beeindruckenden Lage an der Isar im Süden von München, bietet der Gasthof Hinterbrühl seinen Gästen jeden Tag ein schönes Schauspiel. Ganz im Landhausstil gehalten, wirkt der Biergarten mit seinen urigen Bänken wie eine gekonnte Mischung aus traditionellen Akzenten und historischen Highlights.

Ein echtes Highlight versteckt sich aber unter den

Die Isarflößer, aus Wolfratshausen kommend, passieren den Biergarten am Ende ihres Fahrtweges.

Bierbänken. Die Untertischheizung lässt auch im Herbst das Biergartenflair weiter aufleben.

Tipp: Wer sich die Beine vertreten möchte, der kann sich auf den Weg zum Hinterbrühler See machen. Hier erstreckt sich ein besonders beeindruckendes Naturschutzgebiet.

ÖPNV U BUS S

S7 bis Solln oder U3 bis Thalkirchen und Bus 135 bis Hinterbrühl

PARKEN

Reichlich Parkgelegenheiten

RAD

Der Radweg an der Isar führt fast vor dem Haus vorbei. Zudem gibt es einen Radlparkplatz.

Anschrift

Gasthof Hinterbrühl
Hinterbrühl 2
81479 München

www.gasthof-hinterbruehl.de
089 794 494

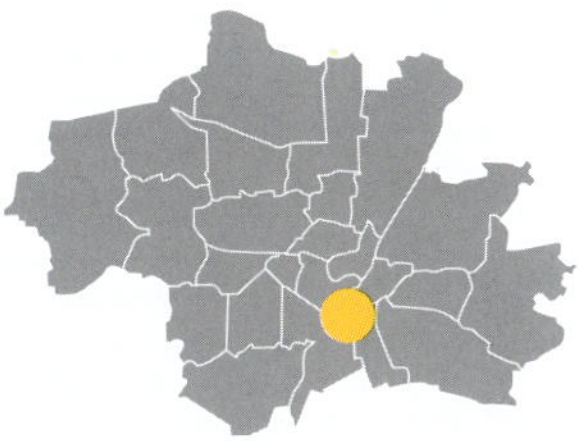

BIERGARTEN

1000 Plätze Selbstbedienung
350 Plätze Bedienbereich

SCHANKZEITEN

Mo–So 10–22 Uhr

BIER

Hacker-Pschorr

SPEZIALITÄTEN

Gut bayerisch – alles, was es im Biergarten eben geben sollte

SPIELPLATZ

Zwei große Spielplätze mit allem, was das Kinderherz begehrt sowie ein Streichelzoo

Zum Sollner Hirschen

Wunderschöner großer Biergarten in einem alten denkmalgeschützten Anwesen im Münchner Süden.

Das schöne Gebäude des Gasthauses sorgt für ein gemütliches Ambiente.

Dieses Gasthaus mit Biergarten ist eines der frühen Bauwerke der Villenkolonie Solln. Es wurde 1901 von Gustav Schellenberger erbaut. In der Folgezeit erfüllte das Anwesen eine Funktion als Bahnhofswirtschaft. Heute ist der Biergarten ein beliebtes Ausflugsziel, Künstlertreff und gesellschaftlicher Mittelpunkt für die Bewohner der Villenkolonie. 2015 wurde das Gebäude von den neuen Pächtern renoviert und mit dem großem Franziskaner Biergarten wiedereröffnet.

Serviert wird im Sollner Hirschen eine alpenländische Küche. Besonders der Schweinebraten und das legändere Schnitzel können wir empfehlen und zum Nachtisch gibts natürlich einen Kaiserschmarrn.

Ein besonderes Schmankerl ist das Urtyp im gekühlten Steinkrug. Das Winterhiglight: Winterzauber mit Eisstockbahn und Glühwein.

BIERGARTEN
300 Plätze Selbstbedienung
350 Plätze Bedienbereich

SCHANKZEITEN
Täglich 16-23 Uhr

SPIELPLATZ
Großer Spielplatz mit Klettergerüst, Schaukel, Sandkasten und Trampolin

BIER
Löwenbräu

SPEZIALITÄTEN
Spareribs, Burger, Schweinebraten
Grill im SB Bereich zum „selber Grillen"

Anschrift
Zum Sollner Hirschen GmbH
Sollner Straße 43
81479 München

www.zumsollnerhirschen.de
089 20 07 94 74

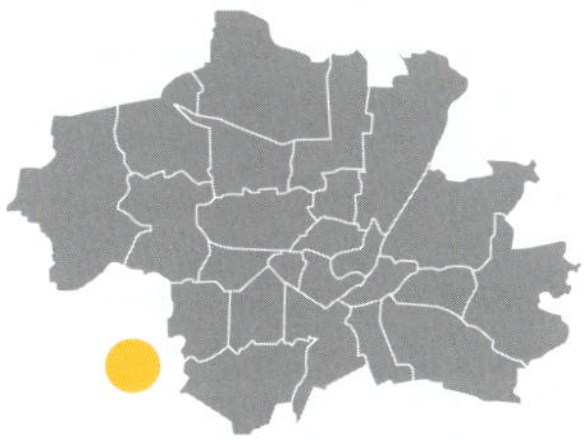

ÖPNV
S7 bis Solln, Bus 136 bis Solln Bf. Wendeschleife oder Bus 134/135 bis Friedastraße

PARKEN
An der Straße vor dem Haus

RAD
800 m von der Isar und seinen Radwegen entfernt

Der Garten mit dem Glaspavillon ist im Sommer ein wunderbarer Ort, um den Alltag zu vergessen.

Gutshof Menterschwaige

Im Gutshof Menterschwaige werden kleine Besucher zu Piraten und große Bierliebhaber lassen sich den Wind um die Nase wehen.

Die Menterschwaige wird auch die "Grüne Stube" Münchens genannt, in der die Spare Ribs besonders gut munden.

Rauf aufs Radl und ab zum Gutshof Menterschwaige – auch wenn der denkmalgeschützte Gutshof nicht mitten in der Stadt liegt, gehört er zu den beliebtesten Biergärten von München.

Bereits die Tour hinaus nach Grünwald macht Lust darauf, sich in der Natur zu entspannen. Wer dann vor dem alten Gutshof steht, der hört die Pferdekutschen aus den Zeiten der Stadtgründung geradezu hier entlang fahren.

Auch im Biergarten selbst werden die Gäste nicht enttäuscht. Das Fleisch aus dem Smoker, der ausschließlich mit Buchenholz angefeuert wird, ist ein echter Zungenschnalzer. Die Kleinen genießen dazu ein frisches Glas der hauseigenen Limonade. Kein Wunder, dass sich die Gäste nach einer kühlen Maß und einem Teller voll Gegrilltem die Beine am liebsten am nahegelegenen Isarufer vertreten und hier einen langen Spaziergang genießen.

Bayerisch für Anfänger **falscher Fuchzger** einer, dem man nicht trauen kann; Betrüger

Ob Brotzeit, Spare Ribs oder Gerichte aus dem Smoker, in der Menterschwaige schmeckt's!

Anschrift

Gutshof Menterschwaige
Menterschwaigstraße 4
81545 München

www.menterschwaige.de
089 640 732

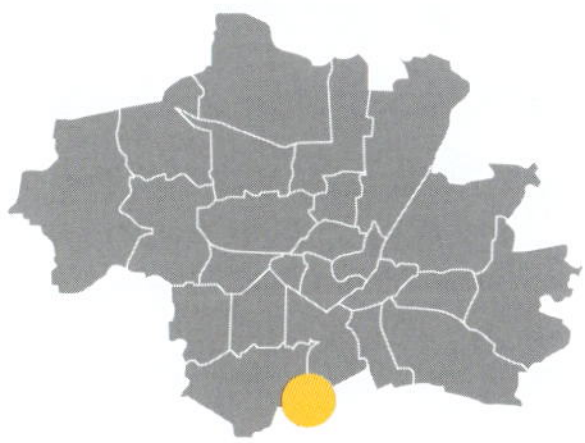

BIERGARTEN
2200 Plätze Selbstbedienung

SCHANKZEITEN
Mo–So 12–22.30 Uhr

SPIELPLATZ
Abenteuerspielplatz mit Holzhaus, Piratenschiff und nostalgischem Karussell

BIER
Löwenbräu Original Hell

SPEZIALITÄTEN
Grillspezialitäten vom Smoker mit hauseigenen Burger-Kreationen und Pizza aus dem Steinofen

ÖPNV Tram
Tram 15/25 bis Menterschwaige

PARKEN
Ausreichend Parkmöglichkeiten auf dem Gutshof und in den anliegenden Straßen

RAD
Sehr gut zu erreichen über Isarradweg am Hochufer

Waldwirtschaft

Ausflugsbiergarten und Prominententreff mit Historie: Hier nahm die berühmte Biergartenrevolution ihren Anfang.

Bei gutem Wetter spielt täglich eine Jazzband im Biergarten

Die WaWi – wie die Waldwirtschaft von den Einheimischen und den Zuagroasten liebevoll genannt wird – zählt zu den Münchner Institutionen in Sachen Biergarten.

So ist das Gasthaus weit über die Grenzen der bayerischen Landeshauptstadt hinaus bekannt und war Mitte der 1990er-Jahre sogar das Epizentrum der Biergartenrevolution, bei der rund 25.000 Münchner für den Erhalt der bajuwarischen Kultur kämpften – mit Erfolg. Es ging um nicht weniger als den Erhalt der Freiluftschenken bis nach 21 Uhr.

Im Sommer treibt es die Münchner auf der Suche nach Erholung fernab des Großstadttrubels das Isartal hinauf zur WaWi. Hier treffen sich am Hochufer der Isar bei Jazzmusik von 12:00-21:30 Uhr (bei gutem Wetter von Ende April bis Mitte Sepember) Familien, Singles, Feinschmecker, Prominente, Radlergruppen – kurz alle, die gerne bei guter Musik ein kühles Helles und die Natur genießen.

WaWi spezial: Brennt im Sommer die Sonne, legt sich ein kühlender feiner Wassernebel über den Biergarten.

Anschrift

Waldwirtschaft Großhesselohe
Georg-Kalb-Straße 3
82049 Pullach

www.waldwirtschaft.de
089 749 940 30

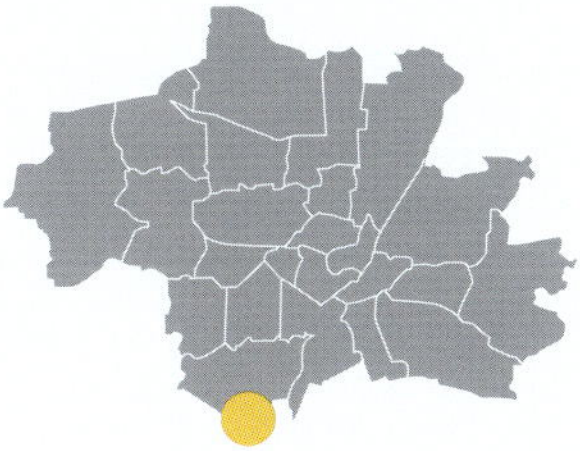

BIERGARTEN
2500 Plätze Selbstbedienung
240 Plätze Bedienbereich

SCHANKZEITEN
Mo–So 10–22 Uhr

SPIELPLATZ
Teilweise kostenpflichtiger Spielplatz mit Schiffschaukel, Eisenbahn, Trampolin und Kletterhaus

BIER
Spaten

SPEZIALITÄTEN
Viele Essensstandl mit breiter und gehobener Auswahl

ÖPNV
S7 bis Großhesselohe (ehem. Isartalbahnhof) und 10 Min. Fußweg

PARKEN
200 Parkplätze kostenpflichtig, mit 10 Parktickets bekommen Sie eine Maß gratis

RAD
Ca. 4 km südlich vom Zoo (andere Isarseite) am Isarhochufer entlang

Waldgasthof Buchenhain

Es gibd nix Bessas ois wia wos Guads!

Herrlich gelegen im Grünen, der Waldgasthof Buchenhain

Idyllisch liegt der Biergarten im Grünen vor den Toren Münchens am Hochufer der Isar – keineswegs ab vom Schuss. Mit einer kleinen Wanderung bzw. einer Radltour entlang der Isar, dem Römerweg bei Pullach oder dem Münchner Jakobsweg, ist der Biergarten gut zu erreichen. Sportmuffel können natürlich auch per S-Bahn anreisen.

Eine Köstlichkeit sind die Schmalznudeln. Dazu ein kühles Bier – auf Wunsch auch ganz traditionell aus dem Steinkrug – und es bleiben keine Begehrlichkeiten mehr offen.

Sportliche Gäste können den Besuch im Waldgasthof Buchenhain mit einer Portion Action im natürlichen Klettergarten hinterm Haus kombinieren. Die Kinder bekommen am Wildschweingehege im gegenüberliegenden Forstenrieder Park und bei der Hüpfburg im Garten große Augen. Ein Ausflug in den Waldgasthof Buchenhain hat für die ganze Familie so einiges zu bieten.

So muas sei:
Im Waldgasthof bekommt jeder Gast eine leckere Stärkung.

Anschrift

Waldgasthof Buchenhain
Am Klettergarten 7
82065 Baierbrunn

www.hotelbuchenhain.de
089 744 88 40

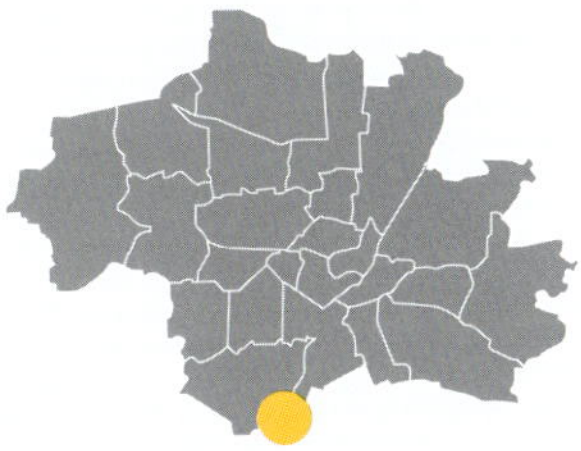

BIERGARTEN
600 Plätze Selbstbedienung
200 Plätze Bedienbereich

SCHANKZEITEN
Mo–Fr 11 bis ca. 20 Uhr
Sa, So und Feiertag 11–23 Uhr

SPIELPLATZ
Hüpfburg, Spielwiese, Fußballtore, Hüpfbälle

SPEZIALITÄTEN
Regional und saisonal mit großer Karte im Bedienbereich, gut bayerisch im SB- Bereich: hausgemachter Obazda, Gegrilltes vom Holzkohlegrill sowie Steckerlfisch.

BIER
Hofbräu

ÖPNV S
S7 bis Buchenhain, Haltestelle der früheren „Isartalbahn"

PARKEN
Große Parkfläche direkt am Haus, kostenfrei

RAD
Am Isarradweg, am Römerweg oder am Isarhochufer entlang zwischen Pullach und Baierbrunn

In Waldgasthof gibt es viele Veranstaltungen, teils mit Livemusik. Alle Termine finden Sie auf der Webseite.

Wirtshaus Tannengarten

Ein Biergarten zum verweilen, ein Wirtshaus zum schmaußen, ein Salettel zum feiern - der Tannengarten ist das Herz Sendlings.

Der Tannengarten ist im herzen Sendlings ein alteingesessener Nachbarschaftsbiergarten

Seit 1889 gibt es den Tannengarten und ist heute schöner denn je. Die neuen Wirte Melanie und Markus Grenzdörffer haben ganze Arbeit geleistet und der Traditionsgaststätte einen neuen Anstrich verpasst. Gekonnt wurde das dunkle Holz im Wirtshaus mit Tannengrünen Wänden kombiniert und macht dem Namen alle Ehre. Bei unserem Besuch haben wir uns pudelwohl gefühlt und der Markus gibt dem alt eingesessenen Wirtshaus eine persönliche Note. Die gut bürgerliche, bayerische Küche wird begleitet von Ayinger Bieren. Teilweise werden diese in geeisten Steinkrügen ausgeschenkt.

Der Biergarten kann auch für Veranstaltungen gemietet werden, genauso wie der Saal und die anderen Räume im Wirtshaus. Der Biergarten ist sowieso eine Sendlinger Institution den jeder Leser kennen sollte - also schaut vorbei auf die eine oder andre Maß.

BIERGARTEN
500 Plätze Selbstbedienung
100 Plätze Bedienbereich

SCHANKZEITEN
Mo-So 16-22:15 Uhr
Bedienbereich:
Mo-So 11-22:15 Uhr

SPIELPLATZ
Gut einsehbarer Spielplatz

BIER
Ayinger Bier

SPEZIALITÄTEN
Reichhaltige Auswahl an bayerischen Biergartengerichten, Obatzda, Schnitzel Wiener Art

Anschrift

Wirtshaus Tannengarten
Pfeuferstr. 32
81373 München

www.tannengarten-sendling.de
089 76702060

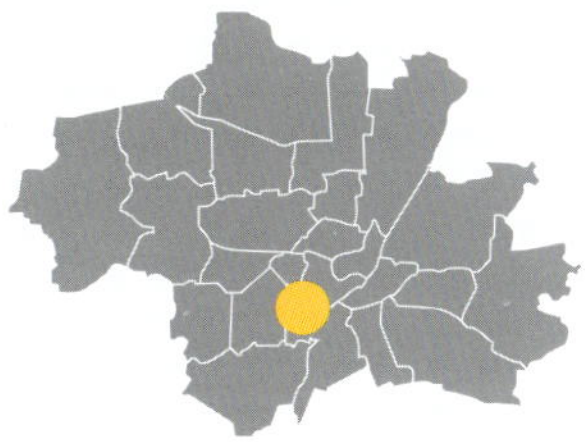

ÖPNV BUS
Bus 62/134 bis Herzog-Ernst-Platz oder Bus 53/153 bis Sendlinger Kirche

PARKEN
Parklätze an der Straße

RAD
Unweit der Theresienwiese, erreichbar über innerstädtische Straßen

Eine zünftige Runde mit Brotzeit im Tannengarten. So könnte jeder Tag ausklingen.

Einkehr zur Schwaige

Die Tradition der Einkehr zur Schwaige reicht bis ins 10. Jahrhundert zurück.

Mir san mir - Bayerische Gemütlichkeit im Biergarten

Die Einkehr zur Schwaige ist ein alteingessenes Münchner Wirtshaus mit einer langen Tradition. Ihren Namen verdankt die Schwaige, in der sich so mancher Reisende schon vor 100 Jahren eine Auszeit vom Alltag gönnte, der „Sweiga", einem auf Vieh spezialisierten Gehöft aus dem 12. Jahrhundert. Das jetzige Gebäude wurde 1985 von der Spaten-Franziskaner Brauerei erbaut und erinnert an die Silhouette des alten Gebäudes, welches leider abgerissen werden musste.

In direkter Nachbarschaft befindet sich das Schloss Fürstenried – und zwei Kilometer südlich lädt der Forstenrieder Park zu einem kleinen Spaziergang im Grünen ein.

Seit vielen Jahre bewirtet die Familie Stutzki hier die ankommenden Gäste mit frischer regionaler Küche mit saisonalen Spezialitäten.

Das Original ist so gemütlich wie das Logo zeigt.

Anschrift

Einkehr zur Schwaige
Forst-Kasten-Allee 114
81475 München-Fürstenried

www.einkehr-schwaige.de
089 724 476 22

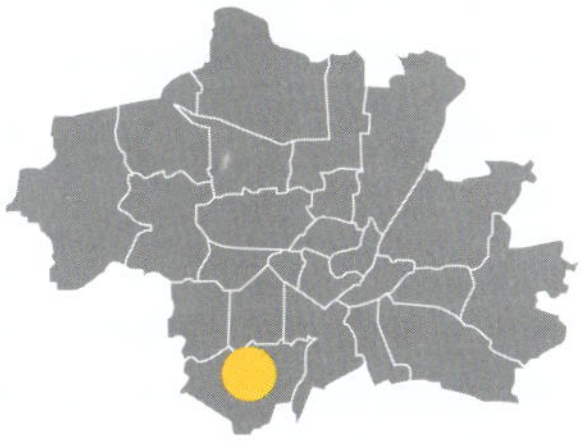

BIERGARTEN
400 Plätze Selbstbedienung
150 Plätze Bedienbereich

SCHANKZEITEN
Mo–Fr 14–1 Uhr
So u. Feiertag 10–1 Uhr

SPIELPLATZ
200 Meter entfernt oder auf der Grünfläche am Biergarten

BIER
Spaten

SPEZIALITÄTEN
Kotelette-Ribs vom Lavasteingrill mit hausgemachter Barbecuesoße

ÖPNV U BUS
U3 bis Fürstenried West, dann Bus 56 bis Bellinzonastraße oder Bus 166 bis Tischlerstraße

PARKEN
Zwei Parkplätze jeweils 200 Meter entfernt oder auf der Straße

RAD
Durch den Fürstenrieder Wald erreicht man den Biergarten auf einem ruhigen Radweg. Fahrradständer sind vorhanden.

An heißen Sommertagen trafen sich hier die Bierfreunde schon vor 100 Jahren.

Königlicher Hirschgarten

Das Restaurant und der Biergarten sind ein Münchner Aushängeschild mit Tradition – und Speisen aus aller Welt.

Der größte Biergarten der Welt ist der Münchner Hirschgarten.

Maßkrug seiba hoin' heißt es hier – und das bereits seit 1790. Seither gehört es im eigens von Kurfürst Carl Theodor angelegten Hirschgarten zu den Pflichten eines jeden Biergartenbesuchers, sich seinen leeren Maßkrug selbst mitzubringen oder aus den Maßkrugschränken zu holen und ins kalte Wasser zu tauchen. Denn ohne Krug kein Augustiner.

Rund 8000 Gäste finden in diesem Biergarten nahe des Münchner Zentrums ihren Platz. Wenn sich der Tag dem Ende neigt und sich der Glanz der Abendlichter in den Baumwipfeln reflektiert, wird dieser Biergarten zu einer Kathedrale des bayerischen Lebensgefühls. Inmitten dieser Masse von Leuten, im größten Biergarten der Welt, ist es für Einheimische wie Zuagroaste ein wahres Erlebnis, die Münchner Lebensfreude zu zelebrieren.

Der Hirschgarten ist auch im Winter ein Besuch wert. Von mitte November bis März kann man hier Eisstockschießen.

Im Hirschgarten gibt es das Bier noch aus den guten alten 200l Holzfass. Diese werden übrigens traditionell "Hirschen" genannt.

Anschrift

Königlicher Hirschgarten
Hirschgarten 1
80639 München

www.hirschgarten.de
089 179 991 19

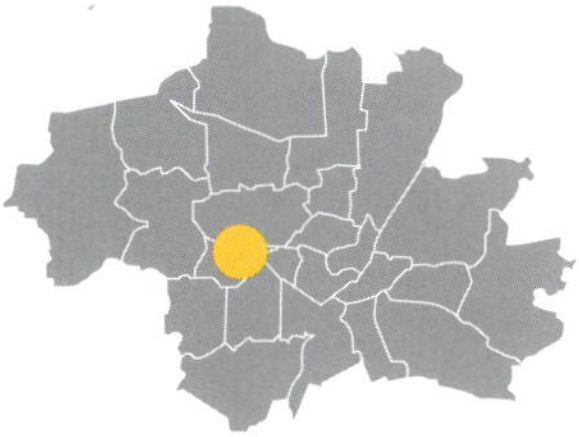

BIERGARTEN
7000 Plätze Selbstbedienung
1000 Plätze Bedienbereich

SCHANKZEITEN
SB Bereich 11.30-23.30 Uhr
Restaurant 10.00-23.30 Uhr

SPIELPLATZ
Das Kettenkarussell, der umliegende Park und das Wildgehege sorgen für Freude bei Kindern.

SPEZIALITÄTEN
Gr. Brezn von der Bäckerei Piller, Steckerlfisch, Schweinshaxn, Obazda und Auszogne, Hendl, Spareribs

BIER
Augustiner vom Holzfass

ÖPNV BUS Tram S
S-Bahn bis Laim und 15 Min. Fußweg. Bus 51/151 bis Hirschgartenallee oder Tram 16/17 bis Kriemhildenstraße, Tram 12 bis Romanplatz

PARKEN
Kleiner Parkplatz neben dem Haus sowie in den umliegenden Straßen

RAD
Radwege entlang der Arnulf- und Fürstenrieder Straße

Wie der Name schon verrät, lebten hier im Park früher freie Hirsche. Heute sind diese in einem direkt angrenzenden Gehege zu bewundern. Ein Highlight für Kinder!

Waldheim

Heimische Biergartenklassiker und moderne bayerische Interpretationen aus frischen Produkten aus dem direkten Umland.

Der weiß-blaue Maibaum vor dem charakteristisch gelben Waldheim.

Feste feiern kann man im Waldheim im Heimatsaal mit Barbereich und Terrasse.

Idyllisch und a bisserl versteckt liegt der traditionsreiche Biergarten vom Waldheim, am grünen Rand von Großhadern. Unter lauschigen Kastanien bei einer kühlen Maß Hacker-Pschorr lässt man die Seele baumeln, trifft sich mit Freunden oder der Familie.

Darüber hinaus kann man im Waldheim Feste, vor allem Hochzeiten, mit bis zu 250 Personen feiern.

Spareribs, Schweinsbraten, Kässpatzen und der Waldheim-Bazi sind einige der Angebote, die jjeden Hunger besiegen. Wichtig ist den Pächtern Thomas Winkler und Boris

Im Heimatrausch kann im "privaten" Biergarten gefeiert werden.

Pachov abwechslungsreiches Essen mit herzhaften Gerichten und vielen fleischlosen Alternativen anzubieten. Hervorzuheben ist die lokale Herkunft der Zutaten aus Bayern. So bezieht das Waldheim alle Gemüse, Backwaren sowie Fleisch- und Molkereiprodukte aus dem Freistaat Bayern.

ÖPNV U BUS

U6 bis Klinikum Großhadern und 10 Min. Fußweg oder
Bus 56 bis Zöllerstraße und 5 Min. Fußweg

PARKEN

Parkplätze vor dem Haus

RAD

Radweg Sauerbruchstraße oder über Wege im Fürstenrieder Wald.

Anschrift

Waldheim
Waldheim 1
81377 München-Großhadern

www.waldheim.de
089 71 60 65

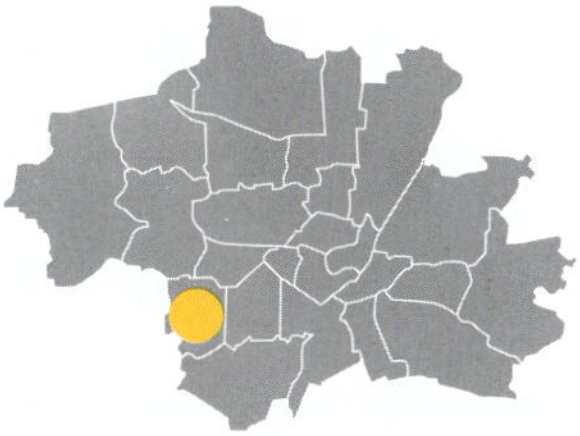

BIERGARTEN

2500 Plätze Selbstbedienung

SCHANKZEITEN

Mo-So 11:30-22:30 Uhr

BIER

Hacker Pschorr

SPEZIALITÄTEN

Spareribs, hausgemachte Kässpatzen, Schweinsbraten, Steckerlfisch, bei schönem Wetter Sonntags Spanferkel frisch vom Grill

SPIELPLATZ

Spielplatz mit kleinerer Kletterburg, Mehrkindschaukel mit bayerischem Muster, Wackeltiere und jeder Menge Sand.

Lochhamer's El Diablo

Mix der Kulturen: Im Lochhamer's gibt es das Beste aus Bayern und Mexiko auf einer Karte.

Mexikaner im Würmtal mit traditionellem Mühlenrad

Natur pur verheißt ein Besuch im idyllisch gelegenen Biergarten des Lochhamer's in Gräfelfing. Denn gleich neben den Tischen und Bänken plätschert die vom Starnberger See kommende Würm gemächlich in Richtung München.

Unter schattigen Bäumen lässt sich bei einem kühlen Bier, einer herzhaften Brotzeit oder einem frisch gegrillten Steckerlfisch das Leben in vollen Zügen genießen.

Die Kinder tollen auf dem gut einsehbaren Spielplatz am Klettergerüst herum und bestaunen mit großen Augen das Wasserrad des Lochhamer's, welches von der Würm angetrieben wird. Idylle pur.

Direkt gegenüber des Biergartens geht es über eine Fußgängerbrücke in den Pasinger Stadtpark. Über diese grüne Oase ist die Lochhamer Einkehr, wie das Lokal früher genannt wurde, auch per Rad von München aus zu erreichen.

Bier & Burrito: Das Lochhamer's vereinigt mexikanische Gelassenheit mit bayerischer Gemütlichkeit.

Anschrift

Lochhamer's El Diablo
Lochhamerstr. 4
82166 Gräfelfing

www.lochhamers.de
089 854 846 51

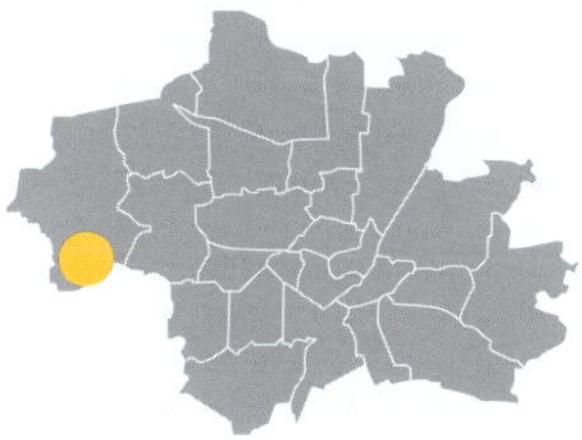

BIERGARTEN

500 Plätze Selbstbedienung
100 Plätze Bedienbereich

SCHANKZEITEN

Mo–So 10–23 Uhr

SPIELPLATZ

Vorhanden

BIER

Tegernseer

SPEZIALITÄTEN

Bayerisch-mexikanischer Biergarten. Fajitas und Haxn, Tacos und Schweinebraten.

ÖPNV BUS S

S6 bis Lochham und 15 Min. Fußweg oder Bus 258 bis Würmstraße

PARKEN

Großer Parkplatz hinter dem Haus

RAD

Von Norden kommend durch den Pasinger Stadtpark bzw. Paul-Diehl-Park entlang der Würm geht es direkt zum El Diablo.

Alter Wirt Krailling

Ob mit dem Motorrad, Fahrrad oder zu Fuß: Den ausflugsbegeisterten Münchnern sind das Würmtal und der Alte Wirt ein Begriff.

Bereit zum Platznehmen: Auf geht's!

Der direkt an der Würm gelegene Kraillinger Traditionsbiergarten wurde vor rund zehn Jahren von der Augustiner Brauerei renoviert und bietet seinen Gästen seitdem in tradionellem Glanz einen idyllischen Platz zur Erholung und Stärkung – samt kühlem Hellen und einer herzhaften Brotzeit.

In dem selbstverständlich standesgemäß mit Kastanien bepflanzten Biergarten treffen sich jung und junggebliebene aus der bayerischen Landeshauptstadt und dem Umland zum Plausch. Für das leibliche Wohl sorgt die breite Auswahl an gutbürgerlichen und internationalen Speisen. Sonderaktionen wie Burger- oder Salatwochen sorgen zudem für eine abwechslungsreiche Küche. Knurrt der Magen also auf einer Radtour an den Starnberger See und verlangt nach einer ordentlichen Brotzeit und einer Maß Bier, lohnt sich ein Einkehrschwung beim Alten Wirt ungefähr auf halber Strecke auf jeden Fall.

Der Alte Wirt liegt auf dem Radlweg zum Starnberger See.

Anschrift

Alter Wirt Krailling
Margaretenstraße 31
82152 Krailling

www.alterwirtkrailling.de
089 891 984 44

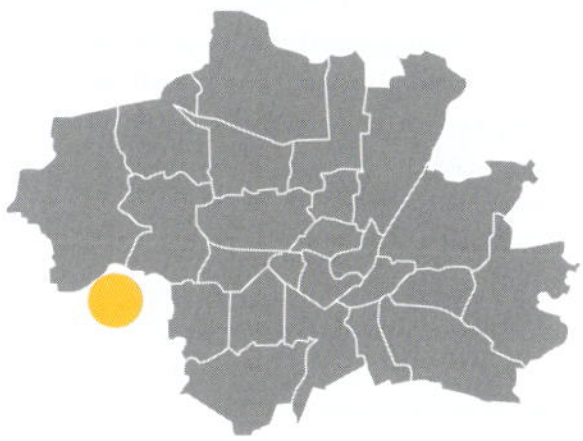

BIERGARTEN
380 Plätze Selbstbedienung
180 Plätze Bedienbereich

SCHANKZEITEN
Mo–So 11–23 Uhr

SPIELPLATZ
Spielplatz mit Sandkasten

BIER
Augustiner, ab 17 Uhr vom Holzfass

SPEZIALITÄTEN
Traditionell: Baby Ribs, hausgem. Obazda und Tellersülze, Krustenbraten, wechselnde Tagesgerichte

PARKEN
Etwa 15 Parkplätze am Haus, ansonsten in den Nebenstraßen

ÖPNV BUS S
S6 bis Planegg und Bus 266 bis Bräuhausstraße

RAD
Der Alte Wirt liegt auf einer beliebten Radltour durchs Würmtal nach Starnberg und zurück; Radlparkplatz am Eingang vom Biergarten.

Zur Post Herrsching

Seit mehr als 500 Jahren: Idylle und gute Küche direkt am Ufer des Ammersees.

Die Gastgeber Elisabeth & Otmar freuen sich auf Euren Besuch

Die Post
Herrsching am Ammersee
Gasthof & Hotel

Der historische Gasthof zur Post besteht bereits seit dem Jahr 1456. Und den Postgarten kann man guten Gewissens als traditionellen Biergarten bezeichnen: Man sitzt unter uralten Kastanienbäumen direkt am Kienbach, genießt ein kühles Augustiner und lässt sich die mitgebrachte Brotzeit oder die kalten und warmen Speisen vom Brotzeitstand schmecken. Im Biergarten finden auch Fußballübertragungen und andere Veranstaltungen, wie z.B. Konzerte, statt. Die Wirtsleute der Post – Elisabeth aus München und Otmar aus der Steiermark – verwöhnen ihre Gäste mit Schmankerln aus der bayerischen und österreichischen Küche. Im dazugehörigen Hotel lässt es sich ganz vorzüglich tagen und übernachten. Wem der Sinn mehr nach frischer Luft steht, kann sich auf den „heiligen Berg" nach Andechs oder zu einem Seespaziergang aufmachen. Die Gastgeber Elisabeth und Otmar freuen sich herzlich auf Ihren Besuch!

Wer kann dazu schon Nein sagen? Frisches Augustiner im Biergarten

Anschrift

Gasthof zur Post
Andechsstraße 1
82211 Herrsching

www.post-herrsching.de
081 52 39 62 70

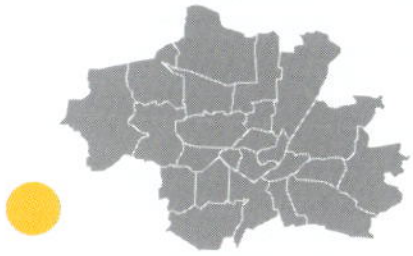

BIERGARTEN
400 Plätze Selbstbedienung
180 Plätze Bedienbereich

SCHANKZEITEN
Mo-Fr. ab 15 Uhr
Sa, So und Feiertag ab 12 Uhr

SPIELPLATZ
Spielturm mit Rutsche, großer Sandkasten mit Spielzeug

BIER
Augustiner Hell

SPEZIALITÄTEN
Jeden Sa. und So. Spanferkel

ÖPNV S
S8 bis Herrsching

PARKEN
25 Parkplätze vor dem Haus

RAD
Radweg in der Nähe:
zum Kloster Andechs
oder Rund um den Ammersee

Beliebt bei Wanderern auf dem Münchner Jakobsweg sowie bei Motoradfahrern.

Seehaus Schreyegg

Wie bei seinem Münchner Pendant: Die Bierbankgarnituren stehen fast direkt bis ans Wasser.

Der Biergarten liegt nur einen kurzen Einkehrschwung von der A96 (München – Lindau) entfernt.

Das vielseitige Traditionsrestaurant, das auch Hochzeiten, andere Familienfeiern und die unterschiedlichsten Events ausrichtet, ist ein bekannter kulinarischer Anziehungspunkt direkt am Ammersee – mit traumhaftem Seeblick und Bergpanorama. Im abwechslungsreichen, gehobenen Ambiente der Gasträume, der Seeterrasse und des großen Biergartens werden die Gäste von nah und fern mit kulinarischen Spezialitäten und regionalen Schmankerln verwöhnt. Leckere Cocktails kann man auch in der exklusiven Bar & Lounge genießen.

Und hier noch ein echter Geheimtipp zur Anreise: Wenn man mit der S-Bahn nach Herrsching fährt, erreicht man das Seehaus Schreyegg per Schifffahrt über den Ammersee. Da steht einer Maß – oder mehreren – nun wirklich nichts mehr im Wege!

BIERGARTEN
600 Plätze Selbstbedienung
200 Plätze Bedienbereich

SCHANKZEITEN
Mo–So 10:30–21:30 Uhr

BIER
Hacker-Pschorr

SPEZIALITÄTEN
Spareribs mit hauseigener Marinade, Steirischer Wurstsalat mit Kürbiskernöl, Obazda, hausgemachte Fleischpflanzerl und Zauners-Lachspflanzerl nach eigener Rezeptur!

Anschrift

Seehaus Schreyegg
Landsberger Straße 78
82266 Inning am Ammersee

www.seehaus-schreyegg.com
08143 99 25 37

ÖPNV
S4 bis Grafrath, weiter mit dem Bus 804 oder 952 bis Inning-Stegen (nur Mo - Fr). Bushaltestelle direkt vor dem Biergarten.

PARKEN
Ausreichend Parkplätze vorhanden

RAD
Gut mit dem Rad zu erreichen

Romantische Abendstimmung am Nordufer des Ammersees

Fürstenfelder

„Wir verstehen was vom Sommer!" – Was das Motto verspricht, hält dieser Biergarten auch.

Dafür lohnt sich der Ausflug nach Fürstenfeld: zwei Maß Bier in der Sonne bei herrlichem Ambiente

Mit der ersten Frühlingssonne wird der Bio-Biergarten „fürstenfelder" zum beliebten Ausflugsziel in Fürstenfeldbruck.
Man genießt die feinen Schmankerl aus der Bio-Küche oder die mitgebrachte Brotzeit, während sich die Kinder auf dem umzäunten Spielplatz austoben. Ganz ohne Zweifel: Hier mit Blick auf die imposante Klosterkirche und das liebevoll gepflegte Klosterareal zu sitzen, ist etwas ganz Besonderes! Wenn sich das barocke Ambiente unter der Abendsonne voll entfaltet, fühlt sich das wie Urlaub an. Das Kloster liegt in den Amperauen, sodass man den Biergartenbesuch bequem mit einem Spaziergang oder einer Radtour verbinden kann. Besonders malerisch ist der Abschnitt am Westufer der Amper über Buchenau nach Schöngeising; als Rückweg bietet sich ab dem Zellhof der Ammer-Amper-Radweg an.

BIERGARTEN
500 Plätze Selbstbedienung
100 Plätze Bedienbereich

SCHANKZEITEN
SB-Bereich
Mo–Fr ab 14 Uhr
Sa, So und Feiertag ab 11:30 Uhr

SPIELPLATZ
Umzäunter Spielplatz vorhanden

Anschrift

Fürstenfelder Gastronomie & Hotel GmbH
Fürstenfeld 15
82256 Fürstenfeldbruck

081 418 887 54 10
fuerstenfelder.com | instagram.com/fuerstenfelder

BIER
Paulaner

SPEZIALITÄTEN
Festes Angebot mit wechselnden Sommer-Spezialitäten

PARKEN
600 kostenfreie Parkplätze vor dem Haus (Zisterzienserweg)

ÖPNV S
S4 bis Fürstenfeldbruck und 10 Min. Fußweg

RAD
Radweg in der Nähe: Ammer-Amper-Radweg

Auf dem Klostergelände finden das ganze Jahr über die unterschiedlichsten Veranstaltungen statt.

Insel Mühle

Ein kühles Bier aus dem frisch angezapften Holzfass am rauschenden Bach: Ankommen und Wohlfühlen heißt es hier.

Romantische Kulisse an der Würm

Der Biergarten des Hotels Insel Mühle ist ein ländliches Idyll in Münchens Stadtteil Obermenzing. In dem inmitten eines Kastanienwaldes an der Würm gelegenen Biergarten finden die Liebhaber echter Münchner Biergartentradition ein Zuhause. Bei dieser Kulisse, das Bachrauschen im Ohr, genießen täglich bis zu 800 Münchner ihr frisch gezapftes „August", am Wochenende sogar aus dem Holzfass.

Die selbst mitgebrachten Speisen haben hier große Konkurrenz und bleiben aufgrund der typisch zünftigen Brotzeitvariationen, Auszogene, Crepes mit frischen Mandeln, saftigen Grillspezialitäten sowie Spareribs mit hausgemachter Barbecuesoße hin und wieder einfach im Korb. Weitere Konkurenz kommt Freitag bis Sonntag durch gegrillten Steckerlfisch hinzu.

Der Biergarten an der Würm ist hervorragend mit dem Rad zu erreichen.

BIERGARTEN
800 Plätze Selbstbedienung

SCHANKZEITEN
Mo, Di 15–23 Uhr
Mi–Fr 12–23 Uhr
Sa, So 11–23 Uhr

SPIELPLATZ
Abenteuerspielplatz

BIER
Augustiner aus geeisten Krügen (am Wochenende vom Holzfass)

SPEZIALITÄTEN
Spareribs mit hausgemachter Barbecuesoße, Orginal Piller Brezn, vegetarische Gerichte sowie wechselnde Tagesgerichte.

Anschrift

Insel Mühle
Von-Kahr-Straße 87
80999 München

www.inselmuehle.com
089 810 10

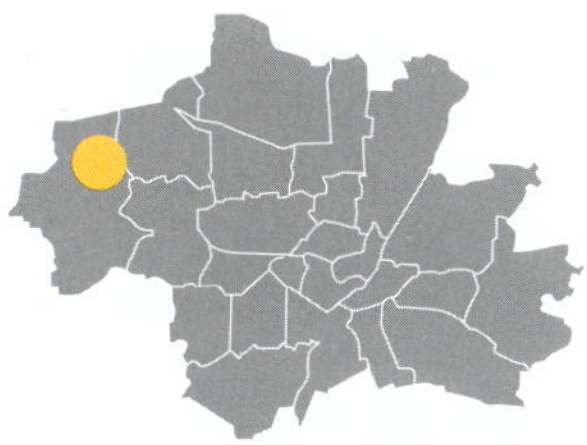

ÖPNV
S2 bis Untermenzing und 10 Min. Fußweg oder weiter mit Bus X80/164/165 bis Von-Kahr-Straße

PARKEN
Keine Parkmöglichkeit am Hotel, aber öffentlicher Parkplatz gegenüber

RAD
Über den Radweg entlang der Würm sehr gut zu erreichen

SPEZIELLES
Süsswarenstand mit Auszogene, Crepes, Mandeln sowie Steckerlfischhütte mit Makrele, Saibling und Wolfsbarsch (Wochentags ab 16 Uhr, Wochenende ab 12 Uhr). Leckerli Automat für "die Zamperl"

Idyllischer Biergarten mit zünftigem Brotzeitangebot – sauguad!

Prinzregent-Garten

Der herrschaftliche Garten mit nachbarschaftlicher Atmosphäre, lädt nach dem Badespass im Westbad auf ein kühles Helles.

„Mia san mia" – Münchner Lebensart in der Abenddämmerung

Den Prinzregent-Garten finden Besucher nicht, wie man vermuten würde, am Prinzregentenplatz, sondern im Münchner Stadtteil Pasing, direkt neben dem Westbad. Hier lässt sich der Badespaß im Sommer folglich herrlich mit einer kleinen Erfrischung im benachbarten Biergarten kombinieren. Rund 750 Gäste können hier unter den wuchtigen Kastanien dem stressigen Alltag entfliehen und den Tag in aller Ruhe ausklingen lassen. Für den kleinen oder großen Hunger stehen typisch bayerische Biergartenköstlichkeiten parat.

Im Prinzregent-Garten trifft man vor allem auf Münchner Publikum aus der Blumenau, Laim und natürlich aus Pasing. Hier treffen sich die Anwohner und machen dem gemütlichen Nachbarschaftsbiergarten alle Ehre.

Parkmöglichkeiten bieten sowohl das Westbad als auch die nahegelegene Schule.

Die Gartenschänke im Herzen Pasings

Anschrift

Prinzregent-Garten
Benedikterstraße 35
81241 München

www.prinzregentgarten.de
089 820 27 60

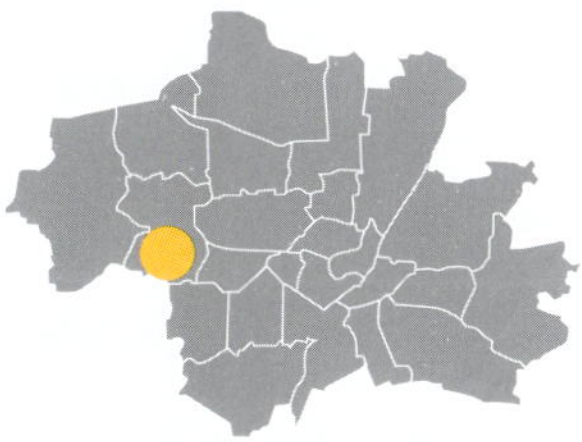

BIERGARTEN
600 Plätze Selbstbedienung
150 Plätze Bedienbereich

SCHANKZEITEN
Mo–So 11–22:30 Uhr
Bis 23 Uhr im Bedienbereich

SPIELPLATZ
Gut einsehbarer großer Spielplatz, sowie Spielmöglichkeiten im Lokal mit Bällebad, Kinderküche etc.

BIER
Kaltenberg

PARKEN
An der Straße und direkt am Haus

ÖPNV
Tram 19 bis Westbad oder
U5 bis Laimer Platz und
Bus 57 bis Benedikterstraße, oder
S-Bahn bis Pasing und
Bus 57 bis Benedikterstraße

RAD
Der Radweg Weinbergerstraße führt direkt am Biergarten vorbei.

SPEZIALITÄTEN
Reichhaltige bayerische Karte mit Biergartenklassikern sowie großes vegetarisches Angebot

Gemütlichkeit bei Tag und Nacht

Alter Wirt Moosach

Hier treffen sich Trachtler, Anzugträger und Familien zum gemütlichen Beisamensein.

So sieht der ideale Feierabnd aus: Radlermaß, Brotzeit und Sonne!

Ein Gewölbe aus Maßkrügen gibt im Alten Wirt. Tipp: Am besten einen füllen lassen!

Es gibt in München mehrere Biergärten und Restaurants, welche „Alter Wirt„ im Namen Tragen. Der Alte Wirt in Moosach trägt den Namen auf jeden Fall zurecht, da er bereits im Jahre 1442 das erste Mal urkundlich erwähnt wurde und begrüßt damit seit 576 Jahren seine Gäste. Damals war dies nicht eine simple Schänke oder Bierzapferei, sondern eine „Tafern", also ein besserer Gasthof mit Speisungs-, Tränkungs-, und Beherbergungsverpflichtung. Das Anwesen ist fest verwurzelt in Moosach.

Einladend sieht es im Biergarten aus. Da möchte direkt platz nehmen und ein kühles Helles genießen.

Der Biergarten ist im Sommer bestens geeignet, um das wilde Treiben der Moosacher zu beobachten. Im Winter ist die Almhütte der perfekte Ort für Glühwein und Maroni.

Seit mitte 2018 hat der Biergarten in Moosach mit Toni und Sanela Demirel ein neues Wirtepaar und heißt die Gäste herzlichst Willkommen.

ÖPNV U Tram BUS S

S1 bis Moosach, U3 bis Moosach Bahnhof, Bus 162/163 oder Tram 20 jeweils bis Pelkovenstraße

PARKEN

Parklätze vor dem Haus

RAD

Erreichbar über die städtischen Radwege

Anschrift

Alter Wirt Moosach
Dachauer Str. 274
80992 München

www.alterwirt-moosach.de
089 140 72 76

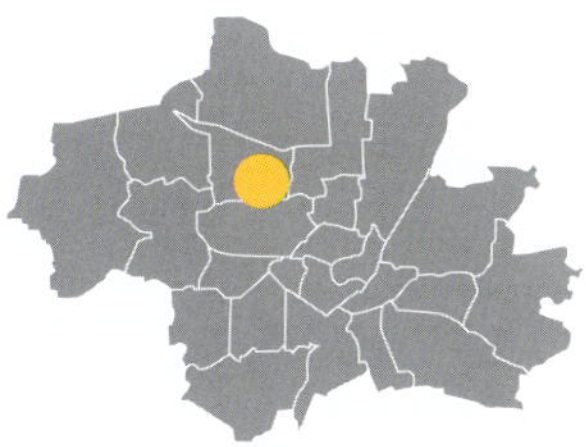

BIERGARTEN

300 Plätze Selbstbedienung
300 Plätze Bedienbereich

SCHANKZEITEN

Täglich 10-24 Uhr

SPIELPLATZ

Kleiner Spielplatz mit Sandkasten und Kletterhütte

BIER

Hofbräu Hell

SPEZIALITÄTEN

Reichhaltig bayerische Küche wie Schweinebraten in Dunkelbiersoße, Münchner Tellerfleisch, kunsprige Bauernente

Das Bamberger Haus

Kaiserlich-königliches Ambiente im Grünen: Das Bamberger Haus

Liebevoll restauriert, grandioses barockes Ambiente, welches gerne für Feste genutzt wird.

Auf drei Etagen beherbergt die barocke Villa ein Alt-Wiener Spezialitäten-restaurant, einen Biergarten mit großem Außenbereich und einzigartige Veranstaltungsräume. Darüber hinaus befindet sich im Garten ein lichtdurchfluteter Bau aus Glas und Holz – „Ludwig´s Salettl". (Die Inneneinrichtung lehnt sich an das Restaurant mit Fischgrätparkett, Wandvertäfelung und Lüstern an). Besonders zu empfehlen ist im Salettl der Kuchen aus Omas Rezeptbuch.

Kulinarisch reicht die „kaiserlich-königliche Hofküche" des Bamberger Hauses von Österreich nach Ungarn, vom Bodensee bis zur Adria. Die Themen ändern sich im Sommer und Winter. In den kalten Tagen verwandeln sich die Außenbereiche in den „Winterzauber" mit Eisstockbahnen, Schmankerlhütten & jeder Menge Outdoor Gaudi! Im Sommer erfrischt man sich am Augustiner Holzfaßbier und verwöhnt sich mit Spezialitäten vom BBQ Grill. Das vielseitige Bauwerk ist eine Traumkulisse für Hochzeiten, Foto-Shootings und Feste aller Art.

O'zapft is... ein frisches Bier schmeckt im Bamberger Haus mitten im Luitpoltpark besonders gut.

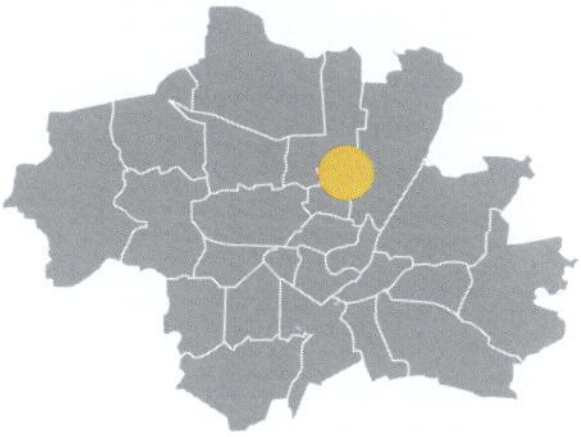

Anschrift

Bamberger Haus
Brunnerstrasse 2
80804 München

www.bambergerhaus.com
info@bambergerhaus.de

BIERGARTEN
400 Plätze Selbstbedienung

SCHANKZEITEN
Biergarten:
Mo-So 12–22 Uhr
(je nach Wetterlage)
Restaurant:
Di-Fr 18-01 Uhr
Sa, So und Feiertag 12-01 Uhr

SPIELPLATZ
Umzäunter Kinderspielplatz

BIER
Augustiner

RAD
Radwege entlang der Schleißheimer Straße und durch den Luitpoldpark

ÖPNV U BUS Tram
U2/U3/U8, Bus 140/141/142/144 oder Tram 12/28 jeweils bis Scheidplatz und 6 Min. Fußweg durch den Luitpoldpark oder Tram 27 bis Gartenstraße und 4 Min. Fußweg

PARKEN
Problemlos vor dem Haus

SPEZIALITÄTEN
Mit regionalen Produkten und passionierter Kochkunst werden traditionellen Rezepten aus der Zeit der Doppelmonarchie Österreich-Ungarn neues Leben eingehaucht. Empfehlenswert: Wiener Schnitzel

Wintergarten am Elisabethmarkt

Ein kleines, charmantes Augustiner Wirtshäusl in Schwabing – ein Ort, um Leute zu studieren, zu sinnieren und zu pausieren.

Schwabinger Gemütlichkeit zwischen dem Markttrubel

Bier war in dieser Gaststätte ursprünglich ganz und gar nicht vorgesehen. Der Arzt und Alkoholabstinenzler Carl Brendel hat den Bau des „Milchhäusls" angeregt und persönlich darüber gewacht, dass jeden Morgen ab 5 Uhr Milch ausgegeben wurde. Schon damals machte er sich Sorgen um die Volksgesundheit und wollte vor allem die „Eindämmung des Völkergiftes Alkohol" bewirken.

Wie wir wissen, war der Erfolg seines Vorhabens zeitlich begrenzt – und so kann man heute im Wintergarten am Elisabethplatz, inmitten des Marktgeschehens, ein kühles Bier bestellen.

Der nach Kaiserin Elisabeth, besser bekannt als Sissi, benannte Platz beheimatet einen Dauermarkt für Lebensmittel und Blumen. Herrlich lässt sich hier das Treiben des Marktes und das Wuseln und Tummeln der Menschen beobachten.

Der Pavillon bietet eine herrliche Kulisse zum Verweilen.

Anschrift

Wintergarten am Elisabethmarkt
Elisabethplatz 4b
80796 München

www.wintergarten-schwabing.de
089 273 731 34

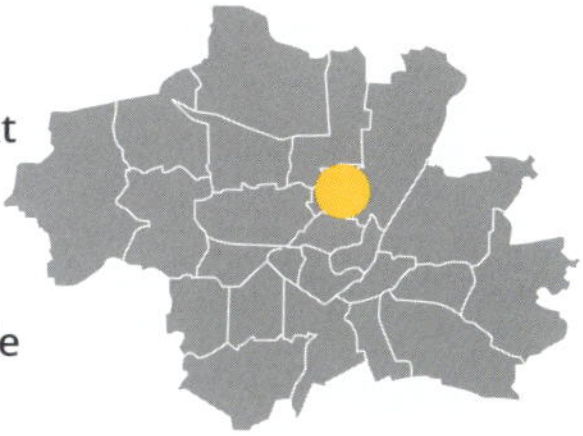

WIRTSGARTEN
300 Plätze Bedienbereich, Wirtsgarten, bitte keine eigenen Speisen mitbringen

SCHANKZEITEN
Mo–So 10–23 Uhr

SPIELPLATZ
Öffentlicher Spielplatz am Elisabethplatz

BIER
Augustiner

SPEZIALITÄTEN
Münchner Essen – Münchner Bier

ÖPNV
Tram 27/28 bis Elisabethplatz

PARKEN
An der Straße

RAD
Der Radweg Elisabethstraße kommt vom Olympiapark und führt über die Franz-Joseph-Straße in den Englischen Garten.

Das ehemalige Milchhäusl am Elisabethplatz im Herzen Schwabings

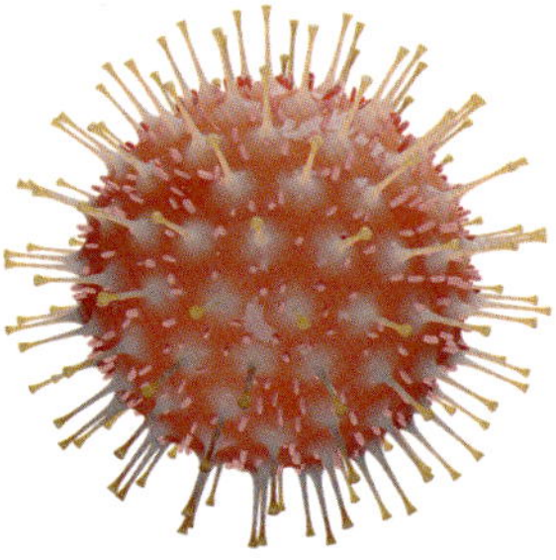

Solidarisch die Corona Krise meistern!

Liebe Biergartenguide Leser,

wie jeder in unserer Gesellschaft, müssen die Biergärten, Sie als Leser und wir als Verlag, mit den Einschränkungen während der Corona Kriese leben.

Wir hoffen alle, dass wir moglichst schnell zur Normalität zurückkehren. Aber es kann sein, dass es auch 2021 wieder zu Einschränkungen kommen kann.

Wir bitten um ihr Verständnis, falls Biergärten Ihre Öffnungszeiten kurzfristig ändern oder in seltenen Fällen den Biergartenbetrieb zeitweise einstellen und daher die Gutscheine nicht angenommen werden können. Bitte unterstützt die Biergärten in 2021 und drückt auch mal ein Auge zu, falls ein Gutschein nicht funktionieren sollte. Wir wollen ALLE, dass unsere Biergartenkultur diese schwere Zeit übersteht.

Gemeinsam werden wir auch diese Herausforderung meistern und uns hoffentlich schon bald wieder zu fremden Menschen an ein Biertisch gesellen um als Freunde den Biergarten zu verlassen.

Vielen Dank für euer Verständnis,

Markus, Thomas & alle Biergartenwirte/innen

Die Gutscheine

So funktioniert der Gutschein:

Sie holen sich zwei Maß am Ausschank und gehen damit zur Kasse. Dort bezahlen Sie eine der beiden Maß, die andere ist für Sie gratis. Der Gutschein muss abgegeben werden und ist nur einmalig gültig.

Beide Maß müssen gleichzeitig gekauft werden und können nicht nacheinander erworben werden.

Nur für normales Helles oder Radler gültig, nicht für Weißbier oder Russenmaß und andere Getränke anwendbar.

Nicht mit anderen Rabattaktionen oder Gutscheinen kombinierbar.

Nur im Selbstbedienungsbereich des Biergartens zu verwenden wenn dieser geöffnet ist.

Aufgrund des Wetters können die Öffnungszeiten von den angegebenen abweichen. Biergärten sind nicht ganzjährig geöffnet.

Die Gutscheine sind bis 31.12.2021 gültig.

Index

Biergarten von Seite 30

Löwenbräukeller

Bier Gutschein 2für1: Zwei Maß Helles zum Preis von einer

Gültigkeit:
Gutschein muss vor der Bestellung vorgezeigt werden.
Nur für Helles oder Radler, nicht für Weizen oder andere Biere.
Nicht kombinierbar mit anderen Rabattaktionen oder Gutscheinen.
Nur gültig während der Biergartensaison 2021 bei geöffnetem SB-Bereich.
Bei COVID-19 /wetterbedingt geschlossenem Biergarten ist der Gutschein nicht einlösbar.

2021

Biergartenguide.com

Biergarten von Seite 32

Seehaus im Englischen Garten

Bier Gutschein 2für1: Zwei Maß Helles zum Preis von einer

Gültigkeit:
Nur im Selbstbedienungsbereich (SB-Bereich) gültig.
Nur für Helles oder Radler, nicht für Weizen oder andere Biere.
Nicht kombinierbar mit anderen Rabattaktionen oder Gutscheinen.
Nur gültig während der Biergartensaison 2021 bei geöffnetem SB-Bereich.
Bei COVID-19 /wetterbedingt geschlossenem Biergarten ist der Gutschein nicht einlösbar.

2021

Biergartenguide.com

Biergarten von Seite 34

Hirschau

Bier Gutschein 2für1: Zwei Maß Helles zum Preis von einer

Gültigkeit:
Nur im Selbstbedienungsbereich (SB-Bereich) gültig.
Nur für Helles oder Radler, nicht für Weizen oder andere Biere.
Nicht kombinierbar mit anderen Rabattaktionen oder Gutscheinen.
Nur gültig während der Biergartensaison 2021 bei geöffnetem SB-Bereich.
Bei COVID-19 / wetterbedingt geschlossenem Biergarten ist der Gutschein nicht einlösbar.

2021

Biergartenguide.com

Biergarten von Seite 36

Mini Hofbräuhaus

Bier Gutschein 2für1: Zwei Maß Helles zum Preis von einer

Gültigkeit:
Nur im Selbstbedienungsbereich (SB-Bereich) gültig.
Nur für Helles oder Radler, nicht für Weizen oder andere Biere.
Nicht kombinierbar mit anderen Rabattaktionen oder Gutscheinen.
Nur gültig während der Biergartensaison 2021 bei geöffnetem SB-Bereich.
Bei COVID-19 / wetterbedingt geschlossenem Biergarten ist der Gutschein nicht einlösbar.

2021

Biergartenguide.com

MÜLLER
Bäcker seit 1930
Alles. Gut gemacht.

Breze. Gut gemacht.

MÜLLER
Bäcker seit 1930
Alles. Gut gemacht.

Breze. Gut gemacht.

MÜLLER
Bäcker seit 1930
Alles. Gut gemacht.

Breze. Gut gemacht.

MÜLLER
Bäcker seit 1930
Alles. Gut gemacht.

Breze. Gut gemacht.

Biergarten von Seite 38

Sankt Emmeramsmühle

Bier Gutschein 2für1: Zwei Maß Helles zum Preis von einer

Gültigkeit:
Gutschein muss vor der Bestellung vorgezeigt werden.
Nur für Helles oder Radler, nicht für Weizen oder andere Biere.
Nicht kombinierbar mit anderen Rabattaktionen oder Gutscheinen.
Nur gültig während der Biergartensaison 2021 bei geöffnetem SB-Bereich.
Bei COVID-19 /wetterbedingt geschlossenem Biergarten ist der Gutschein nicht einlösbar.

2021

Biergartenguide.com

Biergarten von Seite 40

Gasthof Feringasee

Bier Gutschein 2für1: Zwei Maß Helles zum Preis von einer

Gültigkeit:
Gutschein muss vor der Bestellung vorgezeigt werden.
Nur für Helles oder Radler, nicht für Weizen oder andere Biere.
Nicht kombinierbar mit anderen Rabattaktionen oder Gutscheinen.
Nur gültig während der Biergartensaison 2021 bei geöffnetem SB-Bereich.
Bei COVID-19 /wetterbedingt geschlossenem Biergarten ist der Gutschein nicht einlösbar.

2021

Biergartenguide.com

Biergarten von Seite 42

Paulaner Bräuhaus

Bier Gutschein 2für1: Zwei Maß Helles zum Preis von einer

Gültigkeit:
Nur im Selbstbedienungsbereich (SB-Bereich) gültig.
Nur für Helles oder Radler, nicht für Weizen oder andere Biere.
Nicht kombinierbar mit anderen Rabattaktionen oder Gutscheinen.
Nur gültig während der Biergartensaison 2021 bei geöffnetem SB-Bereich.
Bei COVID-19 / wetterbedingt geschlossenem Biergarten ist der Gutschein nicht einlösbar.

2021

Biergartenguide.com

Biergarten von Seite 44

Bräustüberl Weihenstephan

Bier Gutschein 2für1: Zwei Maß Helles zum Preis von einer

Gültigkeit:
Nur im Selbstbedienungsbereich (SB-Bereich) gültig.
Nur für Helles oder Radler, nicht für Weizen oder andere Biere.
Nicht kombinierbar mit anderen Rabattaktionen oder Gutscheinen.
Nur gültig während der Biergartensaison 2021 bei geöffnetem SB-Bereich.
Bei COVID-19 / wetterbedingt geschlossenem Biergarten ist der Gutschein nicht einlösbar.

2021

Biergartenguide.com

MÜLLER
Bäcker seit 1930
Alles. Gut gemacht.
Breze. Gut gemacht.

MÜLLER
Bäcker seit 1930
Alles. Gut gemacht.
Breze. Gut gemacht.

MÜLLER
Bäcker seit 1930
Alles. Gut gemacht.
Breze. Gut gemacht.

MÜLLER
Bäcker seit 1930
Alles. Gut gemacht.
Breze. Gut gemacht.

Biergarten von Seite 46

Airbräu München

Bier Gutschein 2für1: Zwei Maß Helles zum Preis von einer

Gültigkeit:
Gutschein muss vor der Bestellung vorgezeigt werden.
Nur für Helles oder Radler, nicht für Weizen oder andere Biere.
Nicht kombinierbar mit anderen Rabattaktionen oder Gutscheinen.
Nur gültig während der Biergartensaison 2021 bei geöffnetem SB-Bereich.
Bei COVID-19 /wetterbedingt geschlossenem Biergarten ist der Gutschein nicht einlösbar.

2021

Biergartenguide.com

Biergarten von Seite 48

Zum Fidschi

Bier Gutschein 2für1: Zwei Maß Helles zum Preis von einer

Gültigkeit:
Nur im Selbstbedienungsbereich (SB-Bereich) gültig.
Nur für Helles oder Radler, nicht für Weizen oder andere Biere.
Nicht kombinierbar mit anderen Rabattaktionen oder Gutscheinen.
Nur gültig während der Biergartensaison 2021 bei geöffnetem SB-Bereich.
Bei COVID-19 /wetterbedingt geschlossenem Biergarten ist der Gutschein nicht einlösbar.

2021

Biergartenguide.com

Biergarten von Seite 50

Franziskaner Garten

Bier Gutschein 2für1: Zwei Maß Helles zum Preis von einer

Gültigkeit:
Nur im Selbstbedienungsbereich (SB-Bereich) gültig.
Nur für Helles oder Radler, nicht für Weizen oder andere Biere.
Nicht kombinierbar mit anderen Rabattaktionen oder Gutscheinen.
Nur gültig während der Biergartensaison 2021 bei geöffnetem SB-Bereich.
Bei COVID-19 / wetterbedingt geschlossenem Biergarten ist der Gutschein nicht einlösbar.

2021

Biergartenguide.com

Biergarten von Seite 52

Ayinger Ottobrunn

Bier Gutschein 2für1: Zwei Maß Helles zum Preis von einer

Gültigkeit:
Nur im Selbstbedienungsbereich (SB-Bereich) gültig.
Nur für Helles oder Radler, nicht für Weizen oder andere Biere.
Nicht kombinierbar mit anderen Rabattaktionen oder Gutscheinen.
Nur gültig während der Biergartensaison 2021 bei geöffnetem SB-Bereich.
Bei COVID-19 / wetterbedingt geschlossenem Biergarten ist der Gutschein nicht einlösbar.

2021

Biergartenguide.com

MÜLLER
Bäcker seit 1930
Alles. Gut gemacht.
Breze. Gut gemacht.

MÜLLER
Bäcker seit 1930
Alles. Gut gemacht.
Breze. Gut gemacht.

MÜLLER
Bäcker seit 1930
Alles. Gut gemacht.
Breze. Gut gemacht.

MÜLLER
Bäcker seit 1930
Alles. Gut gemacht.
Breze. Gut gemacht.

Biergarten von Seite 54

Wirtshaus Leiberheim

Bier Gutschein 2für1: Zwei Maß Helles zum Preis von einer

Gültigkeit:
Nur im Selbstbedienungsbereich (SB-Bereich) gültig.
Nur für Helles oder Radler, nicht für Weizen oder andere Biere.
Nicht kombinierbar mit anderen Rabattaktionen oder Gutscheinen.
Nur gültig während der Biergartensaison 2021 bei geöffnetem SB-Bereich.
Bei COVID-19 / wetterbedingt geschlossenem Biergarten ist der Gutschein nicht einlösbar.

2021

Biergartenguide.com

Biergarten von Seite 56

Ayinger Bräustüberl

Bier Gutschein 2für1: Zwei Halbe Helles zum Preis von einem

Gültigkeit:
Gutschein muss vor der Bestellung vorgezeigt werden.
Nur für Helles oder Radler, nicht für Weizen oder andere Biere.
Nicht kombinierbar mit anderen Rabattaktionen oder Gutscheinen.
Nur gültig während der Biergartensaison 2021 bei geöffnetem SB-Bereich.
Bei COVID-19 /wetterbedingt geschlossenem Biergarten ist der Gutschein nicht einlösbar.

2021

Biergartenguide.com

Biergarten von Seite 58

Zum Wofen

Bier Gutschein 2für1: Zwei Maß Helles zum Preis von einer

Gültigkeit:
Gutschein muss vor der Bestellung vorgezeigt werden.
Nur für Helles oder Radler, nicht für Weizen oder andere Biere.
Nicht kombinierbar mit anderen Rabattaktionen oder Gutscheinen.
Nur gültig während der Biergartensaison 2021 bei geöffnetem Museum.
Bei geschlossenem Biergarten/Museum ist der Gutschein nicht einlösbar.
Achtung: Museum ist nur von 27.03.2021 bis 7.11.2021 geöffnet.

2021

Biergartenguide.com

Biergarten von Seite 60

Hofbräukeller

Bier Gutschein 2für1: Zwei Maß Helles zum Preis von einer

Gültigkeit:
Nur im Selbstbedienungsbereich (SB-Bereich) gültig.
Nur für Helles oder Radler, nicht für Weizen oder andere Biere.
Nicht kombinierbar mit anderen Rabattaktionen oder Gutscheinen.
Nur gültig während der Biergartensaison 2021 bei geöffnetem SB-Bereich.
Bei COVID-19 / wetterbedingt geschlossenem Biergarten ist der Gutschein nicht einlösbar.

2021

Biergartenguide.com

Alles. Gut gemacht.

Breze. Gut gemacht.

Alles. Gut gemacht.

Breze. Gut gemacht.

Alles. Gut gemacht.

Breze. Gut gemacht.

Alles. Gut gemacht.

Breze. Gut gemacht.

Biergarten von Seite 62

Wirtshaus zum Isartal

Bier Gutschein 2für1: Zwei Maß Helles zum Preis von einer

Gültigkeit:
Gutschein muss vor der Bestellung vorgezeigt werden.
Nur für Helles oder Radler, nicht für Weizen oder andere Biere.
Nicht kombinierbar mit anderen Rabattaktionen oder Gutscheinen.
Nur gültig während der Biergartensaison 2021 bei geöffnetem SB-Bereich.
Bei COVID-19 /wetterbedingt geschlossenem Biergarten ist der Gutschein nicht einlösbar.

2021

Biergartenguide.com

Biergarten von Seite 64

Harlachinger Einkehr

Bier Gutschein 2für1: Zwei Maß Helles zum Preis von einer

Gültigkeit:
Nur im Selbstbedienungsbereich (SB-Bereich) gültig.
Nur für Helles oder Radler, nicht für Weizen oder andere Biere.
Nicht kombinierbar mit anderen Rabattaktionen oder Gutscheinen.
Nur gültig während der Biergartensaison 2021 bei geöffnetem SB-Bereich.
Bei COVID-19 /wetterbedingt geschlossenem Biergarten ist der Gutschein nicht einlösbar.

2021

Biergartenguide.com

Biergarten von Seite 66

Gasthof Hinterbrühl

Bier Gutschein 2für1: Zwei Maß Helles zum Preis von einer

Gültigkeit:
Nur im Selbstbedienungsbereich (SB-Bereich) gültig.
Nur für Helles oder Radler, nicht für Weizen oder andere Biere.
Nicht kombinierbar mit anderen Rabattaktionen oder Gutscheinen.
Nur gültig während der Biergartensaison 2021 bei geöffnetem SB-Bereich.
Bei COVID-19 / wetterbedingt geschlossenem Biergarten ist der Gutschein nicht einlösbar.

2021

Biergartenguide.com

Biergarten von Seite 68

Zum Sollner Hirschen

Bier Gutschein 2für1: Zwei Maß Helles zum Preis von einer

Gültigkeit:
Nur im Selbstbedienungsbereich (SB-Bereich) gültig.
Nur für Helles oder Radler, nicht für Weizen oder andere Biere.
Nicht kombinierbar mit anderen Rabattaktionen oder Gutscheinen.
Nur gültig während der Biergartensaison 2021 bei geöffnetem SB-Bereich.
Bei COVID-19 / wetterbedingt geschlossenem Biergarten ist der Gutschein nicht einlösbar.

2021

Biergartenguide.com

MÜLLER
Bäcker seit 1930
Alles. Gut gemacht.
Breze. Gut gemacht.

MÜLLER
Bäcker seit 1930
Alles. Gut gemacht.
Breze. Gut gemacht.

MÜLLER
Bäcker seit 1930
Alles. Gut gemacht.
Breze. Gut gemacht.

MÜLLER
Bäcker seit 1930
Alles. Gut gemacht.
Breze. Gut gemacht.

Biergarten von Seite 70

Gutshof Menterschwaige

Bier Gutschein 2für1: Zwei Maß Helles zum Preis von einer

Gültigkeit:
Nur im Selbstbedienungsbereich (SB-Bereich) gültig.
Nur für Helles oder Radler, nicht für Weizen oder andere Biere.
Nicht kombinierbar mit anderen Rabattaktionen oder Gutscheinen.
Nur gültig während der Biergartensaison 2021 bei geöffnetem SB-Bereich.
Bei COVID-19 / wetterbedingt geschlossenem Biergarten ist der Gutschein nicht einlösbar.

2021

Biergartenguide.com

Biergarten von Seite 72

Waldwirtschaft

Bier Gutschein 2für1: Zwei Maß Helles zum Preis von einer

Gültigkeit:
Nur im Selbstbedienungsbereich (SB-Bereich) gültig.
Nur für Helles oder Radler, nicht für Weizen oder andere Biere.
Nicht kombinierbar mit anderen Rabattaktionen oder Gutscheinen.
Nur gültig während der Biergartensaison 2021 bei geöffnetem SB-Bereich.
Bei COVID-19 /wetterbedingt geschlossenem Biergarten ist der Gutschein nicht einlösbar.

2021

Biergartenguide.com

Biergarten von Seite 74

Waldgasthof Buchenhain

Bier Gutschein 2für1: Zwei Maß Helles zum Preis von einer

Gültigkeit:
Nur im Selbstbedienungsbereich (SB-Bereich) gültig.
Nur für Helles oder Radler, nicht für Weizen oder andere Biere.
Nicht kombinierbar mit anderen Rabattaktionen oder Gutscheinen.
Nur gültig während der Biergartensaison 2021 bei geöffnetem SB-Bereich.
Bei COVID-19 / wetterbedingt geschlossenem Biergarten ist der Gutschein nicht einlösbar.

2021

Biergartenguide.com

Biergarten von Seite 76

Gasthaus Tannengarten

Bier Gutschein 2für1: Zwei Maß Helles zum Preis von einer

Gültigkeit:
Gutschein muss vor der Bestellung vorgezeigt werden.
Nur für Helles oder Radler, nicht für Weizen oder andere Biere.
Nicht kombinierbar mit anderen Rabattaktionen oder Gutscheinen.
Nur gültig während der Biergartensaison 2021 bei geöffnetem SB-Bereich.
Bei COVID-19 /wetterbedingt geschlossenem Biergarten ist der Gutschein nicht einlösbar.

2021

Biergartenguide.com

Zwei Klicks
- ein Taxi!

Deutschlandweit

Zwei Klicks
- ein Taxi!

Deutschlandweit

Zwei Klicks
- ein Taxi!

Deutschlandweit

Zwei Klicks
- ein Taxi!

Deutschlandweit

Biergarten von Seite 78

Einkehr zur Schwaige

Bier Gutschein 2für1: Zwei Maß Helles zum Preis von einer

Gültigkeit:
Nur im Selbstbedienungsbereich (SB-Bereich) gültig.
Nur für Helles oder Radler, nicht für Weizen oder andere Biere.
Nicht kombinierbar mit anderen Rabattaktionen oder Gutscheinen.
Nur gültig während der Biergartensaison 2021 bei geöffnetem SB-Bereich.
Bei COVID-19 / wetterbedingt geschlossenem Biergarten ist der Gutschein nicht einlösbar.

2021

Biergartenguide.com

Biergarten von Seite 80

Hirschgarten

Bier Gutschein 2für1: Zwei Maß Augustiner Helles zum Preis von einer

Gültigkeit:
Nur im Selbstbedienungsbereich (SB-Bereich) gültig.
Nur für Helles oder Radler, nicht für Weizen oder andere Biere.
Nicht kombinierbar mit anderen Rabattaktionen oder Gutscheinen.
Nur gültig während der Biergartensaison 2021 bei geöffnetem SB-Bereich.
Bei COVID-19 /wetterbedingt geschlossenem Biergarten ist der Gutschein nicht einlösbar.

2021

Biergartenguide.com

Biergarten von Seite 82

Waldheim

Bier Gutschein 2für1: Zwei Maß Helles zum Preis von einer

Gültigkeit:
Nur im Selbstbedienungsbereich (SB-Bereich) gültig.
Nur für Helles oder Radler, nicht für Weizen oder andere Biere.
Nicht kombinierbar mit anderen Rabattaktionen oder Gutscheinen.
Nur gültig während der Biergartensaison 2021 bei geöffnetem SB-Bereich.
Bei COVID-19 / wetterbedingt geschlossenem Biergarten ist der Gutschein nicht einlösbar.

2021

Biergartenguide.com

Biergarten von Seite 84

Lochhamer's El Diablo

Bier Gutschein 2für1: Zwei Maß Helles zum Preis von einer

Gültigkeit:
Nur im Selbstbedienungsbereich (SB-Bereich) gültig.
Nur für Helles oder Radler, nicht für Weizen oder andere Biere.
Nicht kombinierbar mit anderen Rabattaktionen oder Gutscheinen.
Nur gültig während der Biergartensaison 2021 bei geöffnetem SB-Bereich.
Bei COVID-19 / wetterbedingt geschlossenem Biergarten ist der Gutschein nicht einlösbar.

2021

Biergartenguide.com

Zwei Klicks
- ein Taxi!

Deutschlandweit

Zwei Klicks
- ein Taxi!

Deutschlandweit

Zwei Klicks
- ein Taxi!

Deutschlandweit

Zwei Klicks
- ein Taxi!

Deutschlandweit

Biergarten von Seite 86

Alter Wirt Krailling

Bier Gutschein 2für1: Zwei Maß Helles zum Preis von einer

Gültigkeit:
Nur im Selbstbedienungsbereich (SB-Bereich) gültig.
Nur für Helles oder Radler, nicht für Weizen oder andere Biere.
Nicht kombinierbar mit anderen Rabattaktionen oder Gutscheinen.
Nur gültig während der Biergartensaison 2021 bei geöffnetem SB-Bereich.
Bei COVID-19 / wetterbedingt geschlossenem Biergarten ist der Gutschein nicht einlösbar.

2021

Biergartenguide.com

Biergarten von Seite 88

Zur Post Herrsching

Bier Gutschein 2für1: Zwei Maß Helles zum Preis von einer

Gültigkeit:
Nur im Selbstbedienungsbereich (SB-Bereich) gültig.
Nur für Helles oder Radler, nicht für Weizen oder andere Biere.
Nicht kombinierbar mit anderen Rabattaktionen oder Gutscheinen.
Nur gültig während der Biergartensaison 2021 bei geöffnetem SB-Bereich.
Bei COVID-19 /wetterbedingt geschlossenem Biergarten ist der Gutschein nicht einlösbar.

2021

Biergartenguide.com

Biergarten von Seite 90

Seehaus Schreyegg

Bier Gutschein 2für1: Zwei Maß Helles zum Preis von einer

Gültigkeit:
Nur im Selbstbedienungsbereich (SB-Bereich) gültig.
Nur für Helles oder Radler, nicht für Weizen oder andere Biere.
Nicht kombinierbar mit anderen Rabattaktionen oder Gutscheinen.
Nur gültig während der Biergartensaison 2021 bei geöffnetem SB-Bereich.
Bei COVID-19 / wetterbedingt geschlossenem Biergarten ist der Gutschein nicht einlösbar.

2021

Biergartenguide.com

Biergarten von Seite 92

Fürstenfelder

Bier Gutschein 2für1: Zwei Maß Helles zum Preis von einer

Gültigkeit:
Nur im Selbstbedienungsbereich (SB-Bereich) gültig.
Nur für Helles oder Radler, nicht für Weizen oder andere Biere.
Nicht kombinierbar mit anderen Rabattaktionen oder Gutscheinen.
Nur gültig während der Biergartensaison 2021 bei geöffnetem SB-Bereich.
Bei COVID-19 / wetterbedingt geschlossenem Biergarten ist der Gutschein nicht einlösbar.

2021

Biergartenguide.com

TAXI-MÜNCHEN eG
Taxizentrale München: 089-21610
Zwei Klicks
- ein Taxi!
Deutschlandweit

TAXI-MÜNCHEN eG
Taxizentrale München: 089-21610
Zwei Klicks
- ein Taxi!
Deutschlandweit

TAXI-MÜNCHEN eG
Taxizentrale München: 089-21610
Zwei Klicks
- ein Taxi!
Deutschlandweit

TAXI-MÜNCHEN eG
Taxizentrale München: 089-21610
Zwei Klicks
- ein Taxi!
Deutschlandweit

Biergarten von Seite 94

Insel Mühle

Bier Gutschein 2für1: Zwei Maß Helles zum Preis von einer

Gültigkeit:
Nur im Selbstbedienungsbereich (SB-Bereich) gültig.
Nur für Helles oder Radler, nicht für Weizen oder andere Biere.
Nicht kombinierbar mit anderen Rabattaktionen oder Gutscheinen.
Nur gültig während der Biergartensaison 2021 bei geöffnetem SB-Bereich.
Bei COVID-19 / wetterbedingt geschlossenem Biergarten ist der Gutschein nicht einlösbar.

2021

Biergarten von Seite 96

Prinzregent-Garten

Bier Gutschein 2für1: Zwei Maß Helles zum Preis von einer

Gültigkeit:
Nur im Selbstbedienungsbereich (SB-Bereich) gültig.
Nur für Helles oder Radler, nicht für Weizen oder andere Biere.
Nicht kombinierbar mit anderen Rabattaktionen oder Gutscheinen.
Nur gültig während der Biergartensaison 2021 bei geöffnetem SB-Bereich.
Bei COVID-19 /wetterbedingt geschlossenem Biergarten ist der Gutschein nicht einlösbar.

Biergarten von Seite 98

Alter Wirt Moosach

Bier Gutschein 2für1: Zwei Maß Helles zum Preis von einer

Gültigkeit:
Nur im Selbstbedienungsbereich (SB-Bereich) gültig.
Nur für Helles oder Radler, nicht für Weizen oder andere Biere.
Nicht kombinierbar mit anderen Rabattaktionen oder Gutscheinen.
Nur gültig während der Biergartensaison 2021 bei geöffnetem SB-Bereich.
Bei COVID-19 /wetterbedingt geschlossenem Biergarten ist der Gutschein nicht einlösbar.

Biergartenguide.com

Biergartenguide.com

Biergartenguide.com

Biergartenguide.com

TAXI-MÜNCHEN eG
Taxizentrale München: 089-21610
Zwei Klicks
- ein Taxi!
Deutschlandweit

TAXI-MÜNCHEN eG
Taxizentrale München: 089-21610
Zwei Klicks
- ein Taxi!
Deutschlandweit

TAXI-MÜNCHEN eG
Taxizentrale München: 089-21610
Zwei Klicks
- ein Taxi!
Deutschlandweit

TAXI-MÜNCHEN eG
Taxizentrale München: 089-21610
Zwei Klicks
- ein Taxi!
Deutschlandweit

Biergarten von Seite 100

Bamberger Haus

Bier Gutschein 2für1: Zwei Maß Helles zum Preis von einer

Gültigkeit:
Gutschein muss vor der Bestellung vorgezeigt werden.
Nur für Helles oder Radler, nicht für Weizen oder andere Biere.
Nicht kombinierbar mit anderen Rabattaktionen oder Gutscheinen.
Nur gültig während der Biergartensaison 2021 bei geöffnetem SB-Bereich.
Bei COVID-19 /wetterbedingt geschlossenem Biergarten ist der Gutschein nicht einlösbar.

Biergarten von Seite 102

Wintergarten am Elisabethenmarkt

Bier Gutschein 2für1: Zwei Maß Helles zum Preis von einer

Gültigkeit:
Gutschein muss vor der Bestellung vorgezeigt werden.
Nur für Helles oder Radler, nicht für Weizen oder andere Biere.
Nicht kombinierbar mit anderen Rabattaktionen oder Gutscheinen.
Nur gültig während der Biergartensaison 2021 bei geöffnetem SB-Bereich.
Bei COVID-19 /wetterbedingt geschlossenem Biergarten ist der Gutschein nicht einlösbar.

Wenn da Nachbar bläd schaugt, gibst eahm des Zetterl

Biergartenguide 2022 - auch im nächsten Jahr gibt es uns!

www.Biergartenguide.com

Bier-Gutscheine in jedem Biergarten im Buch

+++ NoAmoi +++ NoAmoi +++ NoAmoi +++

Biergartenguide 2022 - auch im nächsten Jahr gibt es uns!

www.Biergartenguide.com

10% Rabatt beim Kauf des zweiten Buches mit Code "NoAmoi" auf unserer Webseite

Zwei Klicks
- ein Taxi!

Deutschlandweit

Zwei Klicks
- ein Taxi!

Deutschlandweit

Zwei Klicks
- ein Taxi!

Deutschlandweit

Zwei Klicks
- ein Taxi!

Deutschlandweit

Ils forment un duo, mainten
Vingt-cinq ans d'écart. Presq
mais un lien qui s'établit dan
à deux – la familiarité de l'a
la place qu'il prend. On les
fils. Yvan refuse la paternité d'un air bourru, mais on sent qu'au fond, ça le touche.

Juin 2013, en province. Comme chaque été, Corentin retrouve, au côté de son parrain, Yvan, son emploi saisonnier de vidéaste de mariage. Chargé d'accompagner les couples des premières heures de la journée la plus importante de leur vie jusqu'au matin suivant, il recueille leurs espoirs et leurs désillusions, leurs joies et leurs détresses, parfois. Mais à vingt-sept ans, il est temps de faire des choix, amoureux tout autant que professionnels. Corentin a devant lui cinq mariages et aucun enterrement pour trouver sa voie.
Analyse des sentiments, amertume et plaisir, empathie pour les personnages… On retrouve dans *Mariages de saison* tout ce qui fait le charme des romans de Jean-Philippe Blondel.

Jean-Philippe Blondel vit et enseigne à Troyes. Son dernier roman, *Un hiver à Paris*, a été publié aux éditions Buchet/Chastel.

Photographie de couverture :
© Image Source/Corbis

14 €

www.buchetchastel.fr

ISBN 978-2-283-02839-1
9 782283 028391

RALF-UWE
BECK

Augenblick nochmal

Neue Zwei-Minuten-Texte, die den Alltag durchkreuzen

Wartburg Verlag

© INGA HANKE

Über den Autor

Ralf-Uwe Beck, Jahrgang 1962, ist Theologe, Bürgerrechtler und Autor. Er leitet die Presse- und Öffentlichkeitsarbeit der Evangelischen Kirche in Mitteldeutschland (EKM). Politisch engagiert sich der parteilose Beck in zahlreichen Initiativen für den Umwelt- und Klimaschutz, für Bürgerrechte und Demokratie sowie für Flüchtlinge. 2015 erhielt er für sein Engagement das Bundesverdienstkreuz. Er lebt in Eisenach.

Bibliografische Information der Deutschen Nationalbibliothek:
Die Deutsche Nationalbibliothek verzeichnet diese Publikation in der Deutschen Nationalbibliografie; detaillierte bibliografische Daten sind im Internet über http://dnb.d-nb.de abrufbar.

Das Buch wurde auf alterungsbeständigem Papier gedruckt.

Gesamtgestaltung: Anja Haß, Leipzig
Titelmotiv: Dekler Ph/unsplash.com
Druck und Bindung: CPI books GmbH

ISBN 978-3-86160-589-8

www.wartburgverlag.net

Inhalt

Die Zuversicht der Kraniche

Da ist es plötzlich – das Girren der Kraniche. Erst sind es nur ein paar, dann immer mehr. Sie formieren sich direkt über dem Dorf. Es wirkt wie ein, ja, wie ein Tanz.

Sie war nur kurz draußen. Da hört sie es. Kraniche, die nach Süden ziehen. Sie legt den Kopf in den Nacken, lehnt sich an das Scheunentor und sieht ihnen zu, solange dieses Schauspiel eben dauert.

Es gibt Geschenke, die schlagen wir nicht aus, was auch gerade auf uns warten mag. Da scheint ein Rest in uns, der sich nicht tilgen lässt, den diese Plastikwelt mit ihrem Motorenlärm noch nicht verdorben hat und nicht verderben kann. Es ist egal, ob es für uns ein Geschenk am Himmel oder ein Geschenk des Himmels ist, dass die Kraniche gerade hier über uns hinwegziehen. Wir spüren die Zuversicht, mit der die Vögel sich auf ihren langen Weg machen. Sie werden zurückkehren. Doch, das werden sie.

Freiheit, die ich meine

»Bildet, ihr könnt es,
... freier zu Menschen euch aus.«

Friedrich Schiller/
Johann Wolfgang Goethe,
Xenien 96.

Freiheit. Was für ein Sehnsuchtswort. Und auf der Kehrseite randaliert die Unfreiheit. Die habe ich erlebt. Im Herbst '89 auf dem Weg zu einer neuen DDR haben wir endlich die Freiheit buchstabieren gelernt. Wir haben gekämpft ums tägliche Brot der Demokratie, um Meinungs-, Presse- und Versammlungsfreiheit. Dann fiel die Mauer. Wunder und Wahnsinn. Wir fühlten uns freigelassen und sind eingetaucht in die Konsum- und Reisefreiheit. Sind wir wieder aufgetaucht? Viel von der revolutionären Kraft ist in den Supermarktregalen des Westens hängen geblieben. Erst später haben wir gemerkt, dass manche Freiheiten nur so weit reichen wie der Dispo. Und manche uns nicht unbedingt glücklich machen. Mir hat eine Frau einmal erzählt, sie habe zum Weihnachtsfest 1990 ihren Kindern endlich alle Wünsche erfüllen können. Aber schon im Jahr darauf habe sie sich zurückgesehnt nach den früheren Weihnachtsfesten. Auch Ladenketten können gefangen nehmen.

Das Freisein von etwas erfüllt sich erst in dem Freisein für etwas. Freiheit und Verantwortung sind Geschwister. In einer Demokratie sollen sie gemeinsam aufwachsen. Das kann aber nicht nur ein Appell an uns sein, uns verantwortlich zu fühlen. Wir müssen diese Verantwortung auch leben, auch ausfüllen können. Frei sind wir nur in dem Maße, in dem wir auf die Bedingungen, unter die uns die Gesellschaft stellt, Einfluss nehmen, sie verändern können. Will ich herausfinden, wie es um die Freiheit bestellt ist, muss ich der Frage nachgehen, was ich bewegen kann – mit meiner Wählerstimme und zwischen den Wahlen. Was also ist mir die Demokratie, was ist mir der Staat, wessen ist der Staat? Fühle ich mich nur als Steuerzahler, und was brauche ich, damit ich mich gut dabei fühle? Wie frei sind wir, die Dinge zum Besseren zu wenden – für uns selbst, für andere, für uns alle?

Beseelte Beratungen

Ein Land, in dem Milch und Honig fließen. Das hatte, wird in der Bibel erzählt, Mose dem Volk Israel versprochen, als sie aus Ägypten geflohen sind. Von da an waren sie auf der Suche nach dem Gelobten Land. Und haben es auch gefunden – nach vierzig Jahren. Es war ein steiniger Weg. Aber die Vision hat sie so beseelt, war so stark, hat sie so verbunden, dass sie durchgehalten haben.

Die Kraft, die eine solche Vision entfalten kann, hat sich – nicht lange her – in der Zukunftskommission Landwirtschaft gezeigt. Einberufen von der Bundesregierung saßen die an einem Tisch, die sich sonst nicht unbedingt grün sind: Bauern, Lebensmittelproduzenten, Naturschutzverbände. Wie kommen wir zu einer Landwirtschaft, in der Bauern und die Umwelt ein Auskommen haben? Die Frage ist so alt, wie die gegenseitigen Vorwürfe lang sind.

Kommissionen gab es schon viele, Schubladen, in denen die Ergebnisse entsorgt wurden, auch. Nicht hier. Diese Kommission hat gleich zu Anfang die Jüngsten, zwei Frauen von Jugendorganisationen, gebeten, ihre Vision zu beschreiben. Das haben sie gemacht: Regional soll die Landwirtschaft sein, schonend für die Natur, nicht auf Kosten der armen Länder gehen – und faire Verhältnisse für die Bauern schaffen. Klingt fast nach dem Land, in dem Milch und Honig fließen. Diese Vision lag dann auf dem Tisch – und war da nicht mehr wegzukriegen. Denn gerade die beiden Jüngsten müssen ja die Folgen von politischen Entscheidungen oder die Folgen politischer Mutlosigkeit, die eben nichts entscheidet, am längsten aushalten, länger als alle anderen, die sich dort versammelt hatten. Das hat die Beratungen beseelt. Es soll, so war zu hören, die Blockaden gelöst haben. Es wollten plötzlich alle an einem Strang ziehen – für eine Landwirtschaft, auf die die Natur zählen kann und die sich für die Bauern rechnet. Träume können die Realität verändern.

Krieg und Frieden

Den Siegern zur Ehre,
Den Gefallenen zum Andenken,
Den kommenden Geschlechtern zum Beispiel.

So steht es an dem Sockel eines Denkmals in Freiburg, das nach dem Deutsch-Französischen Krieg von 1871 errichtet worden ist – im Andenken an eine gewonnene Schlacht. Ein Siegerdenkmal. Ein Kriegerdenkmal. Den kommenden Geschlechtern zum Beispiel. Es folgte der Erste Weltkrieg, dann der Zweite Weltkrieg.

Nach diesen beispiellosen Kriegen war es höchste Zeit für neue Denkmale. 1959 hat die Sowjetunion der UNO ein Denkmal geschenkt, eine Bronze-Skulptur von Jewgeni Wiktorowitsch Wutschetitsch. Es steht bis heute vor dem UNO-Gebäude in New York. Zu sehen ist ein muskulöser Hüne, der mit einem Hammer weit ausholt und ein Schwert zu einem Pflug umschmiedet. Und so heißt das Denkmal auch: Schwerter zu Pflugscharen. Es bezieht sich auf einen Bibelvers. Da ist die Rede von einem Friedensreich, das Gott aufrichtet: »Er schlichtet Streit zwischen den Völkern. Und sie werden ihre Schwerter zu Pflugscharen machen. Es wird kein Volk gegen das andere das Schwert erheben.«

Das Denkmal drückt die uralte Sehnsucht der Menschen nach Frieden aus. Man sollte es um die Erde reisen lassen, zuerst auf den Roten Platz in Moskau stellen, direkt vor den Kreml, dann vielleicht vor Bunker mit Atomwaffen, später in Sichtweite zum Präsidentenpalast in Ankara. Sind nur Vorschläge. Ein Aufruf in die Welt geschickt, wo das Denkmal noch aufgestellt werden sollte, würde die Liste bestimmt erheblich verlängern.

Krieg verdirbt alles, alles. Da kommen mir die Hammerschläge des Schmiedes, der das Schwert zu einer Pflugschar schmiedet, vor wie ein Gebet.

Der lange weiße Tisch im Kreml

Der lange weiße Tisch im Kreml, an dem Wladimir Putin vor dem Überfall auf die Ukraine erst Emmanuel Macron, dann Olaf Scholz platziert hat, steht für den Abstand, den der Aggressor braucht, um seine Aggression ausleben zu können. Aggressionen sind menschlich. Ob sie zerstörerisch wirken, hängt davon ab, ob und wie wir sie im Zaum halten können.

Instinktiv lenken wir Aggressionen oft einfach um. Dann hauen wir mit der Faust auf den Tisch, aber sie nicht jemandem in die sprichwörtliche Fresse. Mancher geht abends joggen und trampelt seine Aggressionen in den Waldboden, aber trampelt nicht auf anderen herum. Galant ist auch, die aufwallende Aggression in Humor umzumünzen. Wobei es wohl besser ist, sie bei sich selbst zu verlachen, als die Aggressionen des Gegenübers lächerlich zu machen. Die nachhaltigste Strategie, nicht über andere herzufallen, ist, sie kennenzulernen, wahrzunehmen, dass da Menschen sind. Deshalb haben die Generäle im Ersten Weltkrieg den Soldaten verboten, über die Schützengräben hinweg Weihnachtslieder zu singen. Wie hätten sie danach noch aufeinander schießen können?

Putin wollte nicht, dass es zwischen ihm und Macron und Scholz »menschelt«. Der Hass, den er über die Ukraine ausgekippt hat, all der Blödsinn, die Ukrainer seien Nazis beispielsweise, das ist die hässliche Marschmusik, die den Krieg begleitet. Es ist leichter, auf Menschen zu zielen, wenn man ihnen vorher das Menschsein abspricht. Umgekehrt: Wenn Russinnen und Russen sich gegen den Krieg gestellt haben, dann weil sie wissen, dass da in der Ukraine nicht Feinde, sondern Menschen sind, die einen Namen, ein Gesicht, eine Familie haben.

Es ist schwer, hinter all den Masken, hinter all den Bildern, die wir uns von Menschen machen, wirklich den Menschen zu sehen – aber es ist ein Pflasterstein auf dem Weg zu einer friedlicheren Welt.

über den Stolz

Ich steige in Berlin in ein Taxi. Es regnet in Strömen, und ich will nur bis zur nächsten U-Bahn-Station. Der Fahrer hat das Radio an, und in den Nachrichten kommt irgendetwas über den Islamischen Staat. Da erzählt er mir, er sei Kurde und wie die Kurden kämpfen würden gegen den Islamischen Staat. Sie seien mutig und entschlossen, Frauen und Männer. Dann erzählt er von sich. Er habe in Ankara Mathematik studiert und musste dann aus der Türkei fliehen. Er würde so gern wieder studieren, sagt er. Aber: Wovon leben? Heiraten will er, er wünscht sich Kinder. Denen will er später bei den Schulaufgaben helfen, vorzugsweise bei Mathe. Darauf freue er sich jetzt schon. Ich denke: Das wird ein guter Vater.

Wer Berlin kennt, weiß, dass bis zur nächsten U-Bahn-Station nie genügend Zeit wäre für eine halbe Lebensgeschichte. Stimmt. Als ich nach ein paar Minuten aussteigen will, sagt er, er würde mich einfach dorthin fahren, wo ich mit der U-Bahn hinwill. »Kommt gar nicht infrage«, sage ich. Darauf er: »Doch, ich fahre dich, musst nichts bezahlen.« Er fährt mich eine halbe Stunde quer durch Berlin. Als wir am Ziel sind, fällt ihm noch etwas ein, als hätte er Angst, ich könnte einem Missverständnis aufsitzen, das sich nicht mehr ausräumen lässt: »Vielleicht hat sich das so angehört, aber ich bin gar nicht stolz, Kurde zu sein. Niemand kann stolz auf etwas sein, für das er nichts kann. Stolz können wir nur auf das sein, was wir selbst vollbracht haben. Werden meine Kinder später gut durch Mathe kommen, weil ich ihnen geholfen habe bei den Hausaufgaben, dann wäre ich stolz auf mich – und auf meine Kinder.«

Ich bin stolz, ein Deu… .
Niemand kann stolz auf etwas sein, für das er nichts kann.

Goethes Gartenhaus in Nigeria

1884 hatte Bismarck ein Dutzend Staaten zur Kongokonferenz eingeladen. Dreißig Jahre später waren die afrikanischen Völker unterdrückt, ausgebeutet und beraubt. Manche Afrikaner sagen, dass in der Kolonialzeit das tief sitzende Gefühl der Minderwertigkeit wurzelt. Dieses Gefühl, nichts wert zu sein, bestimme bis heute ihr Leben.

Helfen könnte, zu sich selbst aufzusehen, sich der eigenen Geschichte zu vergewissern – und wahrzunehmen, was der afrikanische Kontinent an Kunst hervorgebracht hat. Diese Kunst erzählt die Geschichte Afrikas, erzählt von seiner Seele – lange bevor der Kontinent unter das europäische Joch kam. Nur lagern eben achtzig bis neunzig Prozent des kulturellen Erbes Afrikas in den Kellern und Archiven europäischer Museen, geraubt in der Kolonialzeit, verschenkt an Machthaber, verkauft an europäische Sammlungen. Nur fünf Prozent davon sind in den vergangenen hundert Jahren ausgestellt worden. Es ist so, als wäre Goethes Gartenhaus nur noch in Nigeria zu sehen.

Seit fünfzig Jahren fordern afrikanische Länder die geraubte Kunst zurück. Seit fünfzig Jahren weigern sich Museen. Die

Kunst sei in Afrika nicht gut aufgehoben und nur hier sicher. Klingt so, als hätten sich die Kolonialherren von damals in die Museen von heute zurückgezogen. Bei solchen Sprüchen fehlen nur noch Zwirbelbart und Pickelhaube. Ein nigerianischer Künstler sagt: »Wir wollen die Kunst wiederhaben, damit unsere Kinder ihre Geschichte und die Seele Afrikas verstehen können.«

Im Februar 2019 reist eine deutsche Delegation nach Namibia – mit einer Holzkiste, nicht größer als ein Koffer. Darin eine Bibel und eine Viehpeitsche. Beides von Hendrik Witbooi, einem namibischen Nationalhelden, der gegen die deutsche Kolonialmacht gekämpft hat. Sein Volk, die Namas, hatte sich gegen die deutschen Kolonialherren erhoben, wie auch die Hereros. Die Deutschen haben den Aufstand brutal niedergeschlagen, Zehntausende Menschen in die Wüste getrieben, getötet oder verdursten lassen. Bibel und Peitsche haben sie geraubt und in einem Stuttgarter Museum ausgestellt. Als die Holzkiste mit einer deutschen Delegation in Namibia eintrifft, gibt es einen Staatsempfang, ein Volksfest, einen Gottesdienst und Tränen.

Es ist ganz einfach: Was geklaut wurde, zurückgeben.

Wie viel Erde braucht der Mensch?

Brauch ich dies noch oder das? Was brauche ich wirklich, wann habe ich genug?

Wie viel Erde braucht der Mensch? So ist eine Geschichte von Leo Tolstoi überschrieben. Er erzählt von dem Bauern Pachom, der ständig auf der Suche nach preiswertem Land ist. In einer Gegend wird angeboten, für tausend Rubel so viel Land zu bekommen, wie der Bauer an einem Tag umlaufen kann. Er reist also dorthin. Und tatsächlich, das Angebot steht: Bei Sonnenaufgang kann er aufbrechen und muss bei Sonnenuntergang genau dort wieder ankommen, wo er losgelaufen ist.

Am nächsten Morgen begleitet man ihn auf einen Hügel, und als die Sonne aufgeht, macht er sich auf den Weg. Er läuft weite Strecken, wechselt die Richtung und steuert, als die Sonne schon sinkt, auf sein Ziel zu. Man spürt, wie der Grat, auf dem sich der Mann bewegt, immer schmaler wird. Er will doch noch ein bisschen Land mehr gewinnen und muss gleichzeitig gegen die Zeit anrennen. Er schafft es, er erreicht den Hügel bei den letzten Sonnenstrahlen. – Und fällt tot um. Sein Knecht hebt ihm an Ort und Stelle ein Grab aus, drei Ellen lang, gerade so viel, wie es braucht vom Kopf bis zu den Füßen, und scharrt ihn ein. So endet die Geschichte.

Geht doch

Kommen die Diplomanten aus aller Welt zur Klimakonferenz zusammen, treffen sie auch auf Menschen, die zu Fuß zum Tagungsort gelaufen sind, wochen-, ja monatelang unterwegs waren. Klimapilgern ist in Mode. Klimapilger sind in Sorge. Geht doch! war das Motto der Pilgeraktion, die 2021 ins schottische Glasgow führte. Es war das wärmste Jahr in Europa seit Beginn der Aufzeichnungen.

Na also, geht doch. Es wäre schön, würde das am Ende der jährlichen Verhandlungen stehen: Geht doch, der nächsten Flut vorzubeugen und auch an die zu denken, deren Inseln im Pazifik gerade absaufen. Geht doch, nicht immer kurzsichtige Wirtschaftsinteressen vorzuschieben, wenn es langfristig ums Überleben geht. Geht doch, die Massentierhaltung einzudämmen, damit nicht andernorts Dämme gegen den steigenden Meeresspiegel gebaut werden müssen. Geht doch, bewegt euch. Oder sollen Jahrhundertkatastrophen zum Alltag für Millionen von Menschen werden? Dann gnade uns Gott.

Nach der Flutkatastrophe im Ahrtal, in dem Sommer vor der Konferenz in Glasgow, als die ersten Pilgerinnen und Pilger sich auf den Weg gemacht hatten, war das Klima in aller Munde. Ich habe eine Videokonferenz, wähle mich ein und werde Zeuge eines Gesprächs von zwei Kollegen. Sie diskutieren, was jetzt dran ist, und kriegen sich dabei richtig in die Wolle:

»Das muss jetzt Konsequenzen haben. Ich habe gar kein Auto mehr, und du solltest endlich ein E-Auto kaufen.«

»Klar, aber erst wenn meine alte Karre den Geist aufgibt. Und denk mal dran, du wohnst in der Stadt, wir auf dem Land. Aber wir haben unseren Wäschetrockner stillgelegt, wir hängen die Wäsche wieder auf die Leine. Spart Strom.«

»Na also, geht doch«, meint darauf der andere wieder. Dann merken sie, dass ich mich eingeschaltet habe, und schon werde ich Maß genommen:

»Na, du hast ja auch noch den alten Diesel …«

»Ja«, komme ich mit meiner Generalausrede, »aber dafür dusche ich von Mai bis Oktober nur im Garten, kalt, mit Regenwasser, spart 'ne Menge Kohlendioxid.«

So geht das eine Weile hin und her. Und ich denke: Ja, das ist das Klimapilgern, bei dem wir alle mitmachen sollten. Geht los im Kopf. Und mitunter heißt es: Geht doch. Was bringt es, wie Karnickel vor der Schlange auf die Verhandlungstische der Konferenzen zu starren? Wir müssen der Politik Beine machen. Das geht am besten, indem wir uns bewegen – und pilgern zwischen dem, was wir tun sollten und unseren Ausreden.

Kamele im All

Elf Minuten dauerte der Weltraumflug von Jeff Bezos, dem Gründer von Amazon. Während dieser elf Minuten soll er um 1,6 Millionen Doller reicher geworden sein. Was macht der mit so viel Geld? Das, was viele Menschen machen würden, könnten sie es sich leisten: Ausflüge. Mal hierhin, mal dorthin. Und er eben kurz ins All. Ein paar Tage vorher war der Brite Richard Branson abgehoben, dann hat auch Tesla-Chef Elon Musk nachgezogen. Alle drei sind Milliardäre. Sie wollen den Weltraumtourismus ankurbeln. Die Superreichen machen den Weg frei für: die Superreichen. Die Tickets kosten Hunderttausende, manche Millionen. Es gibt nichts mehr, was sie sich nicht leisten könnten. Nun also machen sie ein Reisebüro für den Himmel auf. Nur dem Himmelreich werden sie damit nicht näherkommen.

Wie oft gab und gibt es bei Amazon Proteste und Streiks gegen schlechte Arbeitsbedingungen und für mehr Lohn. Aber anstatt die Leute fair zu bezahlen, kriegt Jeff Bezos den Hals nicht voll. Steuern zahlt das Unternehmen auch kaum. Nun investiert er in ein neues Geschäftsmodell, das auch noch dem Klima weiter einheizt. Ein Flug ins All ist ja keine Fahrradtour. Ich verwette meinen linken kleinen Finger, dass jede und jeder, die oder der noch alle beisammenhat, sofort drei Aufgaben nennen könnte, für die es auf dieser gebeutelten Erde dringend Geld braucht. In denselben Nachrichtensendungen, in denen von seinem Weltraumflug berichtet wurde, waren Bilder zu sehen von der Flutkatastrophe im Ahrtal, von Menschen, die Hilfe brauchen. Übrigens eine Folge des Klimawandels. Eher fliegt ein Kamel ins All, als dass so ein Milliardär in den Himmel kommt.

Zahlt Steuern!

Es ist die Kärrnerarbeit von vielen Journalistinnen und Journalisten rund um den Erdball, die über Monate Daten über Daten sichten, auswerten und schließlich veröffentlichen. Und dann: peng, offenbart sich, wo Politiker, Oligarchen und Promis ihr Geld verstecken. Erst die Panama Papers, dann die Pandora Papers. Die Reichen wollen eben sparen, Steuern sparen. Meist ist das ganz legal. Weltweit aber gehen den Staaten damit jährlich Hunderte Milliarden verloren, Deutschland mindestens fünf Milliarden Euro.

»Zahlt Steuern«, heißt es in der Bibel, »nicht nur aus Angst vor Strafe, sondern weil euer Gewissen das fordert. Wem Steuern zustehen, dem zahlt Steuern. Wem Achtung zusteht, dem erweist Achtung. Wem Ehre zusteht, dem erweist Ehre.«

Ich nehme das als einen Hinweis darauf, wozu Steuern eigentlich da sind, jedenfalls heute und in einer Demokratie. Die Steuern gehen ja nicht an einen König, der sich damit Schlösser baut und Mätressen hält. Sie halten unsere Gesellschaft am Laufen. Sonst gäbe es keine Schulen, keine Sozialhilfe, Straßen auch nicht. Klar, wir sollten mehr mitreden können, wofür Steuern ausgegeben werden. Schließlich zahlen wir ja jede Zeche. Aber sei's drum. Mit den Steuern erweisen wir unserem Zusammenleben die Ehre. Dabei dürfen wir uns ruhig auch einmal gut fühlen. Und dürfen auf der Kehrseite brandmarken, was Steuerflucht, wie es so harmlos heißt, eigentlich ist: nämlich Stehlen. Ein Stehlen aus der Verantwortung. Es ist erbärmlich, wenn es manchen Reichen scheißegal ist, dass sich um ihre Steueroasen gesellschaftliche Wüsten ausbreiten. Das Geld mancher Stinkreicher stinkt eben doch.

Vorfahrt auf Rollen

Die Welt soll zu einem besseren Ort für Kinder werden. Das will die Kinderrechtskonvention der Vereinten Nationen. Kinder sollen nicht in Armut aufwachsen, gleiche Bildungschancen haben, unabhängig von Geschlecht oder Herkunft. Sie sollen sich ausleben, mehr mitreden können ... – und wo immer es Kollisionen mit anderen Interessen gibt, gehört Kindern die Vorfahrt. Gut so.

Deutschland ist dieser Kinderrechtskonvention nach etlichem Zögern beigetreten. Friede, Freude, Eierkuchen? Mitnichten. Dort, wo ich zu Hause bin, begegnen mir jeden Tag Kinder und Jugendliche mit ihren Skateboards. Mitunter sind auch Ältere dabei, aber angefangen haben sie alle als Kinder. Sie brauchen glatte Flächen, Stufen und Kanten, wo sie ihre Tricks üben können. Einen Skatepark gibt es nicht. Also sind sie in der Stadt unterwegs – und geraten mit Sicherheitsdiensten aneinander, der Polizei, mit Anwohnerinnen, Autofahrern.

Mag sein, dass es auf manche bedrohlich wirkt, wenn in der Fußgängerzone fünf Skater auf einen zurollen. Es ist kaum vorstellbar, ob und wie die jemals wieder anhalten können. Bremsen haben die Bretter ja nicht. Aber keine Angst,

Skaterinnen und Skater sind sanft wie die Friedenstauben. Sie pflegen untereinander eine Kultur des Respekts. Es gibt keine Vorbehalte gegenüber Kleineren, alle werden geachtet. Jeder kümmert sich um jeden. Wenn sie losziehen, bleibt niemand zurück. Skaten heißt zu üben, zu scheitern, zu üben, zu scheitern. Und wenn jemand den Trick 732-mal probiert hat und ihn immer noch nicht steht, gibt es keine Häme, keinen Spott. Wer das nicht kapiert, katapultiert sich selbst aus den Gruppen. Nie wird jemand ausgelacht. Aber alle freuen sich mit und feiern, wenn es beim 733. Mal endlich klappt. So einfach ist das. Aufgeschrieben sind die Regeln nicht, sie werden einfach gelebt. Skateparks sind Investitionen in Kinder, in eine Gesellschaft, die zusammenhält. Gebt den Skatern endlich Vorfahrt.

Vom Wert der Dinge

Wir kennen von vielen Dingen den Preis, aber selten den Wert. Dabei werden wir unentwegt aufgefordert, irgendetwas zu bewerten. Kaum haben wir im Internet eingekauft, werden wir gedrängt, ein paar Sterne zu vergeben, die Klamotte zu bewerten, dann den Laden, der es verpackt hat, das Lieferauto, dessen Fahrer, seinen Fahrstil und das Wetter an dem Tag, als die Lieferung kam. Das nervt doch. Aber will ich etwas kaufen und finde keine Bewertung, werde ich unsicher. Was nicht bewertet ist, ist vielleicht auch nichts wert.

Dabei kommt es doch darauf an, ob mir etwas wertvoll oder wertlos erscheint. Wertvoll wird, was mich berührt. Da ist die Nähmaschine von der Oma, die würde durch jede Bewertung fallen, so schwer wie die sich treten lässt. Aber ich würde sie um nichts in der Welt hergeben. Klar sind mir auch Dinge wertvoll, die ich gerade gekauft, auf die ich gespart habe. Manche Sachen wachsen mir ans Herz, weil sie kaputtgegangen sind und es mir gelungen ist, sie zu reparieren. Falls sie überhaupt repariert werden können, was allein schon ihren Wert steigert. Ach ja, und Geschenke, die fallen durch jedes Bewertungsraster. Was kann eine Kinderzeichnung schon wert sein? Mehr, als sich mit Geld bezahlen ließe.

Das ungetragene Kleid

Seine Frau habe Salzburg sehr geliebt, erzählt mir ein Mann, mit dem ich im Zug ins Gespräch komme. Oft seien sie am Wochenende von Bayern aus dorthin gefahren, war ja nicht so weit. Einfach ausspannen und ausgehen, mal ins Theater oder ins Konzert. Das hatte seine Frau im Sinn, als sie zu Hause bei einem Spaziergang an ihrem Lieblingsgeschäft vorbeikommen. Im Schaufenster hängt ein richtig schickes Kleid. Das habe sogar er gesehen. Sie bleiben stehen, schauen es sich an, ach was, sie bestaunen es. Er spürt gleich, wie hin- und hergerissen sie ist, und sagt: »Komm, wir kaufen es, es gefällt dir doch so gut, mir übrigens auch. Und wenn wir wieder in Salzburg sind, kannst du es tragen.« – »Ach nein«, wiegelt sie ab, »das ist zu gut für mich und auch zu teuer, es muss ja auch nicht sein.« Dann geht sie weiter, als will sie sagen: Besser aus den Augen, dann ist es auch aus dem Sinn.

Wieder in der Wohnung, macht er sofort kehrt und rennt allein zurück zu dem Geschäft. Die Verkäuferin kennt nicht nur seine Frau, sondern – für ihn völlig unverständlich – auch deren Kleidergröße. Er also kauft das Kleid und schenkt es bei nächster Gelegenheit seiner Frau.

»Zieh es doch mal an«, wie oft er das zu ihr gesagt habe, wenn sie in Salzburg waren. »Aber nein, das Kleid ist viel zu gut, es war viel zu teuer«, habe sie ebenso oft erwidert, »ein andermal, wenn ich mich wirklich schick machen muss.«

Seine Frau sei sehr krank gewesen, hatte schweres Asthma. Vor zwanzig Jahren sei sie gestorben, so lange sei er schon allein. Das Kleid, sagt er, habe sie dann doch einmal getragen. Er selbst hat es ihr angezogen – für ihren letzten Gang. Das erzählt er mir mit Tränen in den Augen. Dann reden und lachen wir auch wieder, weil dieses Leben eben keinen Aufschub duldet.

Das erstarrte Riesenrad

Das Riesenrad in Prypjat ist zum Wahrzeichen der Stadt geworden. Dabei hat es sich – aufgestellt Ende April 1986 – nie gedreht. Als der Rummelplatz eröffnet werden sollte, waren die fast 50.000 Einwohner evakuiert. Prypjat liegt nur einen Steinwurf vom Atomkraftwerk Tschernobyl entfernt. Am 26. April 1986, 1:23 Uhr passierte der Super-GAU. Enden wird er nie. Ich war fünf Jahre später in der запретная зона, der verbotenen Zone, und in Prypjat. Als die EU zum Jahreswechsel 2021/22 ihre Taxonomie-Verordnung vorstellt und damit Investitionen in die Atomenergie als nachhaltig einstufen will, kommen all die Bilder wieder: Die leukämiekranken Kinder in der Kiewer Klinik. Die Mütter, die mit ihnen über Wochen in einem Bett schliefen und die aussahen, als seien sie aus Glas. Der Wohnblock mit den strahlenkranken Liquidatoren, die das Desaster aufräumen mussten. Prypjat, die Geisterstadt.

Für die Nutzung der Atomenergie gibt's ein Restrisiko, hieß es damals, ist eben so. Dieses Restrisiko hat vielen Tschernobylkindern den Rest gegeben. Aber auch Wismut-Kumpeln, die an Lungenkrebs erkrankt sind. Das Uran für die sowjetischen Kraftwerke kam auch aus Mitteldeutschland, aus dem Uranbergbaugebiet um Ronneburg.

Und jetzt? Jetzt will die EU die Atomenergie grün waschen. Und damit soll der Klimawandel bekämpft werden? Als könnte man den Teufel mit dem Beelzebub austreiben. Fehler zu machen, ist menschlich, aber Fehler zu wiederholen, ist einfach nur doof. Die Atomenergie lässt sich so wenig in Richtung Hoffnung drehen wie das erstarrte Riesenrad in Prypjat.

Auf zum Mars

Missionen zum Mars häufen sich. Es sieht nach einem Wettlauf aus: Wer rammt als Erster seine Fahne auf dem Roten Planeten ein? Der kann dann bestimmt Eintritt nehmen. Sie werden da oben Schlange stehen – also die, die es sich leisten können. Alles für den Fall, dass es hier irgendwann eng werden könnte, uns die Rohstoffe ausgehen, sich die Luft nicht mehr atmen lässt, keine Biene mehr eine Blüte bestäubt, die Erde zum Treibhaus wird, sie, kurz gesagt, unbewohnbar wird. Wer's nicht so dicke hat, muss dann halt hierbleiben. Oder ist das zu schwarzgemalt?

Der Mars soll einmal ein lebensfreundlicher Planet gewesen sein, mit Wasser und so. Dann gab es einen Klimawandel. Weg war das Wasser – und die Lebensfreundlichkeit. Das ist dreieinhalb Milliarden Jahre her. Den Klimawandel auf der Erde erleben wir gerade jetzt – mit verheerenden Folgen. Suchen wir den Himmel nach neuen Sehnsuchtsorten ab, um uns vom Acker zu machen? Oder überlegen wir, was zu tun ist – für das Leben, hier und jetzt auf Mutter Erde, damit sie nicht zum Pflegefall wird. – Hinter diesen Satz gehört eigentlich ein Fragezeichen. Aber diese Frage stellt sich doch nicht wirklich, oder?

Sieben
auf einen Streich

66.430 Menschen hatten die Petition für ein Tempolimit von 130 Stundenkilometern auf Autobahnen unterschrieben. Die Schallgrenze liegt bei 50.000. Kommen die zusammen, gibt es eine öffentliche Anhörung im Petitionsausschuss des Bundestages. Großes Kino. Punkt zwölf beginnt die Sitzung. Der Mann, der die Petition gestartet hatte, darf fünf Minuten reden. Dann spult der Staatssekretär ab, warum für seine Partei nicht geht, was die Mehrheit sich längst wünscht. Anschließend wird eine Stunde diskutiert. Dann schlägt es dreizehn, und die Abgeordneten widmen sich dem nächsten Punkt auf ihrer langen Tagesordnung.

Über ein Tempolimit wird aufgeregt diskutiert. Wie oft habe ich Männer – Frauen weit weniger – ausrasten erlebt. Deutschland ist zwar das einzige Industrieland auf dieser Erde, das für Autobahnen kein generelles Tempolimit vorschreibt, aber das stachelt einige nur an zu schreien: Wir sind eben die Einzigen, die es kapiert haben, die Ersten. Oder die Letzten – egal. Ich will so schnell fahren dürfen, wie mein Auto es mir erlaubt, ich will mir das nicht nehmen lassen. Ich will, ich will, ich will ... Schreit nicht so auch das rasende Rumpelstilzchen?

Das Gegenmodell wäre das tapfere Schneiderlein, das recht clever sieben auf einen Streich erschlägt. Das strotzt nicht vor Kraft, es weiß um seine Schwächen und besteht gerade deshalb alle Prüfungen, indem es erst nach- und dann vorausdenkt. Sieben auf einen Streich wäre auch die Wirkung eines Tempolimits auf Autobahnen: Weniger Verkehrstote, und zwar achtzig bis 140 im Jahr. Weniger Kohlendioxidausstoß, so an die zwei Millionen Tonnen. Weniger Reifenabrieb, von dem sehr viel im Meer landet. Weniger Kosten für die Erhaltung der Autobahnen, da die ja weniger belastet werden. Weniger Stress, so dass sich vielleicht auch ältere Menschen wieder auf die Autobahnen trauen. Weniger Staus, weil bei niedrigerer Geschwindigkeit der Verkehr ruhiger und mit mehr Autos fließen kann. Weniger Lärm. Siebenmal »weniger«. Und das alles kostet nichts, außer den Verkehrsschildern, die an den Ländergrenzen aufzustellen wären.

Schade, dass die Regierung so lange zu dem rasenden Rumpelstilzchen hält. Wie ist das doch gleich geendet?

Vom Bestimmer zum Zuschauer

Ich empfinde die Zeit nach einer Landtags- oder Bundestagswahl wie einen Absturz. Bis zum Wahltag werde ich von den Parteien umgarnt, und mir wird unentwegt versichert, dass es auf jede Stimme ankommt, also auch auf meine. Und irgendwie stimmt das ja auch. Am Wahlabend sitze ich ab achtzehn Uhr vor dem Fernseher und schaue mir die Farbenspiele an. In Elefantenrunden wird mir erklärt, was ich mit meiner Stimmabgabe erreichen wollte. Das ist sehr aufschlussreich. Am nächsten Morgen beginnen die Parteien zu sondieren, mit wem sie in Koalitionsverhandlungen gehen. Jedenfalls ziehen sie sich zurück. Und wenn sie wieder auftauchen, stellt sich die baldige Ministerpräsidentin oder der baldige Kanzler vor uns hin und sagt so etwas wie: Ich möchte für alle da sein. Aber wie soll das gehen?

Drehbuch für das politische Spiel der Regierung ist der Koalitionsvertrag. Meist hat der eine entschlossen klingende Überschrift. Irgendwas mit Zukunft oder Fortschritt oder so. Der Kanzler führt Regie – oder eben die Ministerpräsidentin. Dieser Koalitionsvertrag soll die Regierung stabil halten und sie für uns berechenbar machen. Mehr als da aufgeschrieben ist, wird dann auch kaum passieren, weniger schon. Wir durften die Akteure auf die politische Bühne wählen, aber das Spiel, zu dem sie sich entschieden haben, können wir nicht beeinflussen. Wir bleiben im Zuschauerraum zurück. Der Koalitionsvertrag ist auch ein Appellplatz, auf dem die Regierungsparteien anzutreten, gemeinsam zu marschieren und sich in Koalitionsdisziplin zu üben haben. Schert eine Partei aus, geht die Regierung krachen. Mit der Aussicht jedenfalls wird durchregiert. Mich langweilt das. Und wütend macht mich, dass ich als Wähler noch echter Bestimmer war, jetzt aber auf Zuschauerniveau abgestürzt bin. Es ginge auch anders. Kanzler und Regierung müssten ihr Drehbuch hin und wieder beiseitelegen. Im Landtag oder Bundestag könnten auch Mehrheiten jenseits der Regierung gesucht werden. Es könnten Dinge mutiger angepackt werden, auch wenn sie nicht im Koalitionsvertrag verankert sind. Einfach mal locker bleiben, wenn Petitionen Lösungen vorschlagen, die jenseits des Horizontes der regierenden Parteien liegen, Umfragen zeigen, wonach die Mehrheit der Bevölkerung verlangt, der gesunde Menschenverstand es empfiehlt. Dann stellt sich vielleicht wirklich ein, was an Wahlabenden versprochen wird, dass eine Regierung für uns alle da ist.

Der Krieg und die Angst

Wir in Europa haben den Krieg für eine ausgediente Karosse gehalten, mit der unsere Großeltern unterwegs waren, unsere Eltern auf dem Rücksitz. Diese alte Karosse ist seit Jahrzehnten hinter dem europäischen Haus vor sich hin gerostet, überwuchert vom hohen Gras. Das war gut so. Sie hat uns kaum noch Angst gemacht. Nun hat Putin diese alte Karre Krieg hervorgezerrt und wieder in Gang gesetzt.

Einen Tag nachdem Russland die Ukraine überfallen hat, hatte mein Sohn seinen zwanzigsten Geburtstag. Im Fernsehen sehe ich an dem Tag einen Bericht, in dem eine ukrainische Dolmetscherin zugeschaltet ist. Sie kann kaum sprechen und wischt sich die Tränen aus dem Gesicht. Sie erklärt, ihr Sohn habe sich entschlossen, sein Land zu verteidigen, er hätte sich seine langen Haare abgeschnitten und würde seine Sachen packen. Und ich denke an meinen Sohn und seine langen Haare und wie es wäre, zusehen zu müssen, wie er seinen Rucksack packt. Ich ahne, wie die Angst diese Frau gepackt hat und nicht mehr loslassen wird – bis dieser Krieg vorüber ist und hoffentlich ihr Sohn zurückkehrt.

Ich weiß nicht, was gegen diese Angst hilft, was mir helfen könnte, würde es um meinen Sohn gehen. Ich wünschte, ich könnte der Dolmetscherin und allen Müttern und Vätern, die Angst um das Leben ihrer Kinder haben, irgendetwas Tröstliches sagen. Etwas, das so klingt wie das »Fürchte dich nicht« des Engels aus der Weihnachtsgeschichte. Aber das kann ich nicht. Was wir jedoch alle sagen können: Wir sehen eure Angst, wir sehen, wie sie euch drangsaliert, und wenn ihr Hilfe braucht und vor der Gefahr flieht, vor Krisen und Kriegen, werden wir da sein. Unsere Türen sind offen.

Heiliger Zorn

Menschen stehen auf gegen Bevormundung und kämpfen für ihre Freiheit – öffentlich, sichtbar für das Regime, gegen das sie antreten. In Belarus, in Hongkong, im Libanon, in Bulgarien und Sri Lanka, auch in Russland, gegen Putin und den verdammten Krieg. Sie klagen und klagen ihre Regierungen an. Sie sind zornig.

Es gibt den blanken Zorn, der in einem hochkommt, wenn man nicht weiß, wohin mit sich und all der mutlosen Wut, dem Un-Mut. Entladen sich die Aggressionen, kann das durchaus befreiend sein. Oft aber richtet sich dieser Zorn gegen einen selbst. Das ist der Zorn, den man zu den sieben Todsünden zählt – neben Habgier, Hochmut und Neid.

Der Zorn dagegen, der sich an Ungerechtigkeiten reibt und für Gerechtigkeit brennt, wird zum heiligen Zorn, wenn aus dieser Wut der Mut erwächst, das Unrecht anzusprechen. Wir erleben Menschen, die dieser Zorn antreibt, so dass sie ihre Ohnmacht und ihre Angst überwinden. Sie nehmen nicht nur sich selbst, sondern auch andere wichtig – und treten für sie ein. Der Zorn, der nur den gärenden Hass auf die Straße spuckt, tritt auf der Stelle, der ändert nichts. Aber der heilige Zorn kann es mit den Autokraten aufnehmen, die mit aller Macht an der Macht bleiben wollen.

Dieser Zorn zieht Furchen in den verhärteten Boden der Willkür. Darin können Recht und Gerechtigkeit keimen. Immerhin ein Anfang.

Mein Herz macht sich auf den Weg nach Minsk, nach Beirut, nach Hongkong. Haltet durch, haltet durch – so geht mein Gebet, damit der heilige Zorn Veränderungen anschiebt.

Dunkelrote Pfingstrosen

Halten die Pfingstrosen ihr Versprechen oder nicht? Das frage ich mich in jedem Jahr, wenn es auf Pfingsten zugeht. Manchmal öffnen sie sich wie bestellt, dann wieder zaghaft, als trauten sie sich noch nicht, als schämten sie sich. Aber das wird schon.

Die Pfingstrose gilt als die Rose ohne Dornen. Um sie ranken sich Legenden. So wird von einer Frau erzählt, die begeistert ist von dem Wanderprediger Jesus. Dann hört sie, er wurde hingerichtet, weint und zieht sich in ihren Rosengarten zurück. Später erfährt sie, er sei vom Tode auferstanden. Als sie wieder in ihren Rosengarten kommt, sind alle Rosen aufgeblüht und – ein Wunder: Sie haben keine Dornen mehr.

Das klingt so rund wie die vollen Blüten der Pfingstrose. Ist es aber gar nicht. Das Wunder, in das sich Leid verwandelt, können wir nur erleben, wenn wir das Leid vorher überhaupt wahrgenommen haben. Bei dem, was uns, was diese Welt bedrückt, zu sagen »ach, das wird schon irgendwie«, bewirkt keine Wunder. Wegschauen bewirkt gar nichts. Wir müssen uns an den Dornen, an dem, was uns ärgert, uns ungerecht vorkommt, reiben. Uns an dem Leid, das uns begegnet, die Arme und die Seele aufkratzen.

Die dunkelroten Pfingstrosen sind mir die liebsten. Eine Farbe, kräftig wie Rotwein. Ich kann mich gar nicht sattsehen. Betrinken möchte ich mich daran, betrinken an Hoffnung. Und glauben: Alles wird gut.

Deutsche Äpfel

Was es alles gibt: Tag des deutschen Apfels. Klingt ein wenig merkwürdig. Wo der Apfel doch aus Asien stammt. Aber tatsächlich gibt es diesen Tag, erfunden für Marketingzwecke. Und so werden am 11. Januar jedes Jahr Zehntausende Äpfel verschenkt – an Bahnhöfen, in Schulen, Fußgängerzonen. Werbung für den deutschen Apfel.

Und wenn die Welt morgen unterginge – Sie wissen schon –, würde ich heute noch einen Apfelbaum pflanzen. Soll Luther gesagt haben, hat er aber gar nicht. Egal. Es gibt einen, der das gemacht hat. Zwischen 1941 und 1945 im KZ Dachau. Heimlich zwischen zwei Baracken. Korbinian Aigner, ein bayerischer Priester, der dort inhaftiert war. Er wollte keine Hakenkreuzfahnen segnen, die Glocken nicht zu Ehren der Nazis läuten. Als er schließlich den Versuch eines Attentats auf Hitler im Religionsunterricht erwähnt hatte und die Aktion ganz sinnvoll fand, wurde er festgenommen. Gemeindeglieder haben ihm Apfelkerne ins KZ geschmuggelt und er über 120 Sämlinge nach draußen. Vier Apfelsorten hat er so gezüchtet. Er nannte sie KZ 1, 2, 3 und 4. KZ 3 heißt heute Korbiniansapfel.

Korbinian Aigner gelang Ende April 1945 bei einem Todesmarsch die Flucht, er hat die Nazizeit überlebt. Sein Korbiniansapfel ist sehr lange lagerfähig. Es kommt mir so vor, als wäre darin eine Botschaft verborgen.

Erinnern und verinnern

Es gibt Gedenktage, die müssen erklärt werden. Woran soll gedacht werden, was hat der Tag mit uns zu tun? Die Gedenktage aber, die Opfern von Krieg und Gewalt gewidmet sind, sprechen für sich. Sie werden ausgerufen oder stehen fest im Kalender. Die Fahnen sind auf Halbmast gesetzt und gebieten Schweigen.

Ich glaube kaum, dass sich Terroristen und Kriegstreiber durch solche Gedenktage aufhalten lassen. Diese Tage richten sich an uns. Es geht um das Erinnern, darum, dass die Opfer nicht vergessen werden und nicht das Leid, das Anschläge und Kriege bedeuten.

Vergessen und verdrängen wir, sagt eine jüdische Weisheit, würden wir damit das Leid nur verlängern. Das Geheimnis der Erlösung heißt Erinnerung. Das sind wir nicht nur Opfern und Angehörigen schuldig, sondern auch uns selbst. Erinnern bedeutet auch ver-innern. Indem wir uns erinnern, verinnerlichen wir, was passiert ist. Wir machen es zu unserer Sache, zu unserer persönlichen Sache. Und was bewirkt das? Dass wir mutiger sind vielleicht, uns nicht nur vornehmen, sondern es tatsächlich wagen – und Hass und Hetze widersprechen.

Nawalny und der Hunger nach Gerechtigkeit

Selig sind, die da hungert und dürstet nach Gerechtigkeit. Diesen Satz hat Jesus von Nazareth gepredigt. Und Alexej Nawalny, der russische Oppositionelle, hat ihn zitiert – bei einer seiner Gerichtsverhandlungen, in seinem Schlusswort. »Möchte der Angeklagte noch etwas sagen?« Ja, möchte er: »Selig sind, die hungert und dürstet nach Gerechtigkeit, denn sie sollen satt werden.« Das mag klingen wie aus der Zeit gefallen, aber es ist, so sagt Nawalny, »aktuell die bedeutendste politische Idee in Russland«.

Dann kommt er darauf zu sprechen, dass kaum jemand geboren wird, um ein schlechter Mensch zu werden, oder einen Beruf erlernt, um ihn dann zu missbrauchen. Jemand wird doch nicht Polizist oder studiert Jura, weil er später Unschuldige verurteilen oder Leute, die einfach nur demonstrieren, verprügeln will. Die Leute, die Nawalny bewachen, die ihn anklagen, ihn verurteilen, die lügen und intrigieren, die würden sich eigentlich danach sehnen, gerecht zu handeln, meint er. Wie gern würden sie ihren Kindern und Enkeln erzählen, dass sie gute Richter und Polizisten sind.

Er klagt nicht an, er verurteilt nicht, er scheint nicht einmal zornig zu sein. Ich dachte immer, dieses »Selig sind, die da hungert und dürstet nach Gerechtigkeit« gilt für Einzelne, für die Helden, für Leute wie Nawalny. Er lässt es für alle gelten, selbst für die, denen man es nicht anmerkt. Es ist, als legt er diesen Satz wie ein Samenkorn in den Gerichtssaal. Daraus könnte Hoffnung wachsen – für Russland. Und überhaupt.

Putins Kreuz

Es gibt eine Fotoserie, die Wladimir Putin an einem Bergsee in Sibirien zeigt – beim Angeln und Reiten. Dabei präsentiert er sich mit nacktem Oberkörper. Nur eine Kette hängt um seinen Hals, und an der baumelt: ein Kreuz. Putin mit Sonnenbrille, Putin mit Angel, Putin mit Pferd. In der Bildmitte immer das Kreuz. Wir könnten es als modisches Accessoire abtun. Aber die Bilder sind keine Schnappschüsse, sie sind inszeniert. Sie sollen den Kremlchef als starken Mann zeigen – und offenbar als einen, der dem Christentum und seiner Kirche verbunden ist.

Nehmen wir das Kreuz also, wie vom Kreml gewollt, wichtig. Es verweist auf Jesus von Nazareth, ehrenamtlicher Wanderprediger. Gepredigt hat er eigentlich nur eines: Liebe. Und zwar zu allen Menschen – ohne Rücksicht auf ihr Ansehen und Aussehen. Jeder Mensch hat seine Würde. Und deshalb: keine Gewalt, gegen nichts und niemanden. Selig sind, die Frieden stiften. Diese Botschaft stand so quer in der Welt, dass man ihn hingerichtet, ans Kreuz genagelt hat.

Zurück zu Putin. Sein Krieg gegen die Ukraine ist Gotteslästerung. Das Kreuz müsste ihm auf der Haut brennen. Am Hals des Pferdes, das er reitet, wäre es besser aufgehoben als an seinem. Die Priester der orthodoxen Kirche hätten ihn ins Gebet nehmen und ihm ins Gewissen reden müssen.

Das ist schließlich Aufgabe der Kirche, auch der orthodoxen Kirche, der sich Putin zugehörig fühlt. Aber Kyrill, der Moskauer Patriarch, tut einen Teufel und gibt den Raketen gegen die Ukraine noch einen religiösen Drall. Er verklärt den Überfall auf das Nachbarland als heilig. Hier wird die christliche Religion missbraucht. Das Kreuz auf Putins Brust, das ins Auge stechen soll, ist ein Stachel für alle Christen, die jeden Krieg verabscheuen.

Die christlichen Kirchen mühen sich um ihre ökumenische Verbundenheit, wie sie es nennen. Diese Floskel wird oft bis an die Schmerzgrenze der Toleranz gedehnt. So lassen die Evangelischen beispielsweise den Katholiken das Berufsverbot für Frauen, die nicht Priesterinnen werden dürfen, kommentarlos durchgehen. Ökumene über alles, das mag in Friedenszeiten als Weichspüler kirchlicher Diplomatie üblich sein, um bloß keine dreckige Wäsche zu waschen. Aber in Kriegszeiten gibt es nur eines, was zählt: die Botschaft des Friedefürsten, gewissermaßen der zweite Vorname dieses Jesus Christus. Wer sich auf den Schoß von Aggressoren setzt, wie Kyrill auf Putins Schoß, sollte von den anderen Kirchen, besser noch von den eigenen Kirchenmitgliedern, da heruntergeholt werden. Und Putin sollte das Kreuz von der Kette lassen.

Erhebt euch

Eine Woche lang bin ich jeden Tag die lange Treppe zum Kapitol hinaufgestiegen, einem der sieben Hügel Roms. Hier steht das Rathaus, und hier war eine Tagung. Erst ist mir die Statue auf der linken Seite, gleich unten am Treppenaufgang, gar nicht aufgefallen. Dann hat sie mich fasziniert – jeden Tag mehr. Da ist ein Mann dargestellt, er ist klein und schmächtig. Seine Kleidung ist die eines einfachen Mannes, ein Umhang mit Kapuze, die über seinen Kopf gezogen ist. So liegt das Gesicht im Schatten. Das ganze Denkmal ist auf seine Geste konzentriert: Der Mann hat den rechten Arm ausgestreckt, die Handfläche ist nach oben gedreht, die Finger sind gespreizt.

Es ist, als würde alle Kraft in seine stumme Botschaft gelegt: Erhebt euch, übt den aufrechten Gang. Das ist es, was er den Menschen, die man sich gut am Fuß der Treppe vorstellen kann, zu sagen hat. Dabei reckt er nicht stolz das Kinn, sondern hält den Kopf gebeugt, fast so, als würde er sich verneigen.

Erst als ich wieder zu Hause war, konnte ich herausfinden, wer da verewigt ist: Cola di Rienzo. Er hat im 14. Jahrhundert in Rom gelebt. Er hat die Stadt befriedet, hat die zwei großen verfeindeten Adelsfamilien entmachtet und sich zum Fürsprecher des Volkes gemacht. Genannt wurde er »Tribun der Freiheit«. Tatsächlich atmeten die Bürgerinnen und Bürger durch sein Wirken auf. Die Stadt erblühte, die Lebensmittelpreise sanken, die Straßen waren wieder sicher, und Rienzo wurde als Held gefeiert. Das muss ihm zu Kopf gestiegen sein. Er ist an seinem Größenwahn gescheitert, wurde aus Rom verjagt, kehrte zurück und wurde schließlich ermordet.

Die Plastik zeigt ihn zu Beginn seines Wirkens. Vielleicht ist sein tragisches Ende ja schon in seiner Geste angedeutet: Auf euch kommt es an, auf euch! Verlasst euch nicht auf mich, seid selbst Bürgerin und Bürger, bereit, zu bürgen für diese Stadt, füreinander.

Hey, steck das Ding weg

Kasachstan. Lange nichts gehört von dem Land. Und dann sehen wir gewaltsame Demonstrationen, 50.000 Menschen auf der Straße. Und Präsident Tokajew, wie er in den Nachrichten sagt: »Ich habe befohlen, ohne Vorwarnung zu schießen. Wir haben es mit bewaffneten Banditen zu tun, sie müssen vernichtet werden.« Er trägt es vor wie ein Roboter.

Aus welchem Jahrhundert haben sie den denn hergebeamt? Dass das nur schiefgehen kann, lernen die Kinder in der Grundschule. Ich weiß noch, wie mein Sohn – er war vielleicht in der zweiten Klasse –, wenn ich mit ihm schimpfen wollte, keck meinte: Keine Spirale der Gewalt! Natürlich musste ich lachen und aus war's mit der Schimpfkanonade. Er hatte das aus dem Religionsunterricht mitgebracht, diese Geschichte, in der Jesus gefangen genommen wird: Einer der Jünger zieht sein Schwert und haut einem aus der Delegation, die Jesus festsetzen will, ein Ohr ab. Abgesehen davon, dass ich mich frage, wieso ein Jünger im Gefolge dieses friedliebenden Jesus überhaupt ein Schwert mit sich herumschleppt und damit ausgerechnet ein Ohr abhaut, ist interessant, wie Jesus reagiert. Er sagt nämlich: »Hey, steck das Ding weg. Wer das Schwert nimmt, wird durch das Schwert umkommen.« Da haben wir sie, die Spirale der Gewalt.

Und stattdessen? Den Demonstranten mal zuhören vielleicht, jedenfalls denen, die friedlich demonstrieren. Und dann reden. Aber da meint Tokajew: Mit denen reden? Niemals, Blödsinn. Also draufhalten und abknallen. Damit will er Stärke zeigen. Aber die Zeiten, in denen zum Held wurde, wer aus der Hüfte schießen konnte, sind vorbei. Tokajew offenbart sich als Schwächling. Stark wäre, die Spirale der Gewalt zu durchbrechen, die Probleme zu sehen und sie abzustellen, anstatt die an die Wand zu stellen, die darauf aufmerksam machen.

Hoffnungsträger

Abie Nathan war ein israelischer Pilot und in mehreren Kriegen im Einsatz. Anfang der 1970er-Jahre hat er Geld gesammelt und dann ein großes Schiff gekauft. Das war zwanzig Jahre lang, bis 1993, im Mittelmeer in internationalen Gewässern unterwegs. An Bord hatte es einen Piratensender, die »Voice of Peace«, Stimme des Friedens. Rund um die Uhr wurde ein Radioprogramm ausgestrahlt: junge, moderne Musik und Botschaften zu Frieden und Verständigung zwischen Israelis und Palästinensern. Wenn die Sonne unterging über dem Meer, gab es eine Sendepause von einer Minute – zum Gedenken an die Opfer von Krieg und Gewalt. Jeden Abend.

Nach erfolgreichen Verhandlungen und dem Osloer Friedensvertrag schien es, als hätte die »Voice of Peace« ihre Arbeit getan. Gelder blieben aus, das Schiff wurde versenkt, die Stimme des Friedens war nicht mehr nötig.

Weit gefehlt. Der Konflikt im Nahen Osten dauert an, ein Ende ist nicht in Sicht. Jede Rakete, die im Gazastreifen explodiert, und jede, die auf Tel Aviv abgeschossen wird, jede Siedlung, die illegal im Westjordanland gebaut wird, schürt den Hass. Es ist der längste noch andauernde Konflikt auf dieser Erde. Es liegt nahe zu denken: Dort wird sowieso nie Frieden.

Aber hoffnungslos wird etwas erst dann, wenn wir die Hoffnung abziehen. Unsere Hoffnung zurückziehen. Abie Nathan hat später einmal gesagt, es sei die Erfahrung seines Lebens, sich jederzeit ändern und Wunder vollbringen zu können. Er hat nie aufgegeben, er hat die Hoffnung getragen – über den Abgrund der Hoffnungslosigkeit. Er war, nein, er ist ein Hoffnungsträger.

Jeder Mensch kann die Hoffnung weitertragen.

Ein Feiertag

Ein Bundesinnenminister hat einmal den Vorschlag gemacht, einen muslimischen Feiertag einzuführen. Also so richtig als Feiertag – für alle arbeitsfrei und so. Freilich nur dort, wo auch viele Muslime leben. Aber kaum hatte er es ausgesprochen, sind seine Parteikollegen aufgebrochen, die Idee wieder in die abendländische Tonne zu treten: Nein, bloß das nicht, wir sind ein christlich geprägtes Land.

Deshalb gibt es auch mindestens – je nach Bundesland – sechs christliche Feiertage. Nicht, dass wir immer wüssten, worum es da genau geht. Aber gibt es einen Feiertag, gibt es auch Nachhilfeunterricht. Dann wird uns im Radio oder einer Zeitung erklärt, was es beispielsweise mit dem Pfingstfest auf sich hat. Oder mit dem Reformationstag oder mit Allerheiligen oder Himmelfahrt.

An Heiligabend war ich einmal mit zwei syrischen Flüchtlingen, beide Muslime, in der Kirche. Nach dem Gottesdienst meinten sie: »War schön, aber wie sagt man, wir haben nur Bahnhof verstanden.« Macht doch nichts. Für einen Moment haben sie dazugehört und sich willkommen gefühlt. So haben sie Weihnachten zwar nicht verstanden, aber erlebt. Und Hand aufs Herz, selbst wenn uns Weihnachten die ganze Adventszeit über erklärt wird und wir drei Dutzend Adventskerzen niedergebrannt haben, ist uns dann wirklich ein Licht aufgegangen, was es damit auf sich hat, dass Jesus ausgerechnet in einem Stall zur Welt gekommen ist?

Als die beiden im Sommer einen Monat lang gefastet haben, habe ich nicht viel davon mitbekommen. Und verstehen kann ich es auch kaum, warum sie von Sonnenauf- bis -untergang weder essen noch trinken, nicht rauchen und keinen Sex haben. Aber nehmen wir einmal an, es gäbe zum Zuckerfest der Muslime, ihrem höchsten Feiertag am Ende des Fastenmonats Ramadan, wirklich einen Feiertag, also mit arbeitsfrei und so. Dann hätten wir alle frei. Zeit, den Tag mit Nachbarn und vielleicht auch mit Freunden zu feiern. Wir würden das Zuckerfest erleben. Und das wäre doch ein wenig mehr, als nur Bahnhof zu verstehen, oder? Auch auf die Gefahr hin, dass das halbe christliche Abendland über mich herfällt: Ich würde dafür glatt einen der christlichen Feiertage hergeben. Muss ja nicht Weihnachten sein.

Tempel oder Räuberhöhle?

So kennen wir ihn gar nicht. Es gibt eine Geschichte in der Bibel, in der Jesus durch den Tempel von Jerusalem tobt. Er wirft Tische und Bänke um, Münzen kullern über den Boden, er treibt die Tiere auseinander und die Händler vor sich her. Tumult und Gezeter: »Was fällt dir ein!« – »Was fällt euch ein!«, erwidert er. »Der Tempel soll ein Bethaus für alle Völker sein, aber ihr habt eine Räuberhöhle daraus gemacht!« Ich mag diese Szene. Vermutlich, weil ich selbst oft zornig bin.

An den Außengrenzen der Europäischen Union werden Flüchtlinge, die versuchen, nach Europa zu gelangen, brutal zurückgetrieben. Viele werden von Polizeikräften geschlagen, medizinische Hilfe wird verweigert, sie werden um ihr weniges Hab und Gut gebracht. Kommen Flüchtlinge auf dem Seeweg, werden Boote wieder zurückgeschleppt aufs Meer. Das Flüchtlingshilfswerk der Vereinten Nationen schlägt regelmäßig Alarm.

Die Europäische Union soll ein Tempel des Friedens sein. Gleich am Anfang der Europäischen Verträge ist der Mörtel erwähnt, mit dem er gebaut ist: »Die Werte, auf die sich die Union gründet, sind die Achtung der Menschenwürde,

Freiheit, Demokratie, Gleichheit, Rechtsstaatlichkeit und die Wahrung der Menschenrechte«.

Tempel oder Räuberhöhle? Die EU-Kommission weiß um die Menschenrechtsverletzungen. Aber sie stellt sie nicht ab. Ich schäme mich für dieses Europa. Das schreibe ich nach Brüssel. Es antwortet sogar jemand. Man könne da nichts tun, vertraue auf die Mitgliedstaaten.

Ich stelle mir vor, wie Menschen, die sich auf den griechischen Inseln oder an der bosnisch-kroatischen oder der belarussisch-polnischen Grenze oder sonst irgendwo für Flüchtlinge einsetzen, dieses große Gebäude in Brüssel betreten, das mit den vielen Fahnen davor, Sitz der Europäischen Kommission. Ich stelle mir vor, wie sie sich vorarbeiten bis zu den entscheidenden Büros. Hier fällt ein Stuhl um, da ein Bild von der Wand, vielleicht platzen sie in eine Sitzung. »Was fällt euch ein!« Sie erwidern nichts, legen nur Fotos auf die Schreibtische. Zu sehen ist ein Körper, malträtiert von Schlagstöcken. Eine an einen Strand gespülte Leiche. Eine erschöpfte Frau, ein Kind.

An die Wände hinter den Schreibtischen sprühen sie: Seht, es sind Menschen!

Die Escape-Taste

Es muss 1985 gewesen sein, es stand der Weltumwelttag ins Haus, der 5. Juni. Wir hatten in Jena gerade eine freie Umweltgruppe gegründet und haben den großen Platz in der Innenstadt bepflanzt, diesen Appellplatz gleich neben dem Turm. Betonplatten raus, Bäume rein. Na ja, als Fotomontage. Heute mit dem Computer eine Kleinigkeit, damals wochenlange Handarbeit: Wir haben Bäume fotografiert, kleine und große, die Fotos selbst abgezogen, mit der Nagelschere ausgeschnitten und aufgeklebt. Ein Meisterwerk. Am Weltumwelttag haben wir es in einen Kirchenschaukasten gehängt. Am nächsten Morgen war die Scheibe eingeschlagen. Die Arbeit hatte sich also gelohnt, wir hatten ein Zeichen gesetzt. Das wurde wahrgenommen.

Würde ich heute eine Fotomontage zum Weltumwelttag machen, ich würde wohl eher etwas herausschneiden als hinzufügen. Auf jeder Computer-Tastatur gibt es eine Escape-Taste. Heißt so viel wie: Raus aus dem, was ich gerade mache, zurück zum Menü. Eskapismus ist das Fremdwort für Wirklichkeitsflucht, für die Flucht aus der Realität.

Da sind diese Monster-SUV. Ich meine nicht die kleinen, die nicht größer sind als ein Kompaktwagen, sondern diese irre schweren und bulligen Dinger. Ein Drittel aller Neuzulassungen sind SUV. Fahren die jetzt plötzlich alle zur Jagd in den

Wald oder querfeldein zum Einkaufen, oder was? Die Dinger haben doch nichts mehr damit zu tun, was ein Auto in unseren Regionen normalerweise leisten muss, aber sie sorgen weltweit für einen Wahnsinns-Zuwachs an Kohlendioxidausstoß. Also, raus damit und Rückkehr zur Realität. Was noch? Ha, Laubbläser und Laubsauger. Was für ein sinnloser Lärm und Energieverbrauch, abgesehen davon, wie lächerlich es aussieht, wenn Männer hinter einzelnen Blättern herjagen. Raus, dafür einen Laubrechen rein ins Bild. Was noch ...? Kohlekraftwerke würde ich rausschneiden, Legebatterien, die Plastikinseln im Meer ...

Wenn es nur so einfach wäre. Ein Klima, das uns leben lässt, ein Meer ohne Plastik, Städte ohne Monster-SUV, saubere Luft ... das wird nur zu haben sein, wenn wir unseren Wohlstand infrage stellen, nicht nur am Weltumwelttag. In Jena wurden später tatsächlich Bäume an den Rand dieses Platzes gepflanzt.

Dann vergeht die Angst

Es war eine Weltnachricht, aber inmitten des Krieges, den Russland gegen die Ukraine begonnen hatte, wurde sie zur Randnotiz: Die Hälfte der Menschheit wird schon bald mit dem Klimawandel zu tun bekommen, ihr steht ein unvorstellbares Inferno ins Haus. So das Fazit des Weltklimarates. Noch können wir dem entkommen, wenn, ja wenn ... alle Welt sich sofort und ernsthaft und konsequent um den Klimaschutz kümmert.

Aber der Krieg ist eine Ratte. Eine Ratte, die sich durch alles frisst, vor der nichts sicher ist. Und sie hat einen langen, sehr langen Rattenschwanz, den sie hinter sich herschleift. Dazu gehört auch, dass anderes, das dringend angegangen werden müsste, zurückfällt auf die langen Bänke der Politik. Das könnte auch den Klimaschutz treffen. Kohleausstieg und Investitionen könnten vertagt werden. Das macht mir Angst.

In der Bibel wird von Noah erzählt, der eine Arche baut, um alles Leben vor der Sintflut zu retten. Das klappt. Und Gott verspricht, das Leben zu bewahren. Als Zeichen für die Zusage setzt er einen Regenbogen in die Wolken.

Der Klimaschutz ist unsere Arche heute. Aber es wird kein Noah kommen, der uns irgendetwas zurechtzimmert. Das werden wir selbst, die derzeit lebenden Generationen, tun müssen. Der Krieg gegen die Ukraine hat uns abgelenkt. Aber er hat die Länder auch üben lassen, die eigenen Interessen – wenn es darauf ankommt – hintenanzustellen. Plötzlich wurden Sanktionen gegen Russland verabredet. Flüchtlinge wurden auch dort aufgenommen, wo sonst allein das Wort schon Panikattacken ausgelöst hatte. Alle, bis auf die Irren im Kreml und ihre wenigen Autokratenfreunde, waren sich einig darin, nur eines zu wollen: Frieden.

Dieser gemeinsame Wille könnte der Regenbogen sein, der sich über alles Leben spannt. Dann vergeht die Angst.

Bloß Deko

Haben Sie schon einmal eine halbierte Mandarine mit Schale gesehen, also in der Mitte durchgeschnitten? Eine Apfelsine ja, wenn man sie auspressen will. Aber eine Mandarine? Ich sitze frühmorgens in einem Café und bestelle mir ein französisches Frühstück: Croissant mit Marmelade, eine Tasse Kaffee, ein wenig Butter. Alles gut. Die Butter liegt auf einem Salatblatt, dazu eine halbierte Cocktailtomate und: eine halbierte Mandarine mit Schale. Ich esse mein Croissant, trinke den Kaffee. Dann nehme ich mir die Mandarine vor und will sie schälen. Ich muss Ihnen sagen: Das geht nicht. Eine ganze Mandarine schält sich wunderbar. Aber halbiert kriegt man das Ding nicht zu fassen. Die Finger kleben, es tropft wie irre …

Als die Kellnerin kommt, um zu kassieren, kann ich nicht anders: »Könnten Sie der Küche etwas ausrichten?« »Aber ja, gern«, sagt sie. Also: »Zu einem süßen Frühstück ein Salatblatt, das ist schon schwer zu verstehen, noch schwerer zu verdauen. Aber eine Mandarine zu halbieren, das ist völlig daneben, weil man sie so gar nicht geschält bekommt.« Prompt antwortet sie: »Aber, aber – das ist doch alles bloß Deko.«

»Bloß Deko?« Der Frau neben mir bleibt der Bissen im Halse stecken. Sie arbeitet für die Welthungerhilfe.

Macht-
missbrauch

Die Tafeln arbeiten am Rand und oft am Limit. Nie war der Bedarf so groß, gab es so viele Bedürftige, die sich nach etwas zum Essen anstellen. Jedenfalls hier bei uns nicht. Das ist dann eine Nachricht. Jedenfalls hier. Kriege, Krisen und ihre Preisanstiege verschärfen die Situation der Menschen mit wenig Geld. Gleichzeitig werden weniger Lebensmittel gespendet. Dabei wird die Hälfte weggeschmissen: bei der Produktion aussortiert, vom Handel entsorgt, zu Hause in die Tonne gekippt. Auch das wird regelmäßig zur Nachricht. Es wird darüber geredet, an die Spendenbereitschaft appelliert – und dann wird vor dem Problem wieder kapituliert. Manchmal blockieren Aktivisten Autobahnauffahrten, um auf die Missstände hinzuweisen. Auch das wird zur Nachricht. Immerhin. Dann wird kurz geredet, appelliert – und kapituliert.

In Frankreich wird nicht nur appelliert, da gibt es seit Jahren schon ein Gesetz gegen die Lebensmittelverschwendung. Supermärkte sind verpflichtet, Lebensmittel, die sich nicht verkaufen lassen, zu spenden – und zwar zwei Tage vor Ablauf des Haltbarkeitsdatums. Unternehmen, die sich nicht daran halten, werden mit erheblichen Bußgeldern belegt. Seitdem stehen zwanzig Prozent mehr Lebensmittel auf den Tischen der Tafeln.

Hierzulande beteuern Politikerinnen und Politiker, wie betroffen sie Nachrichten von Menschen machen, die sich anstellen, um an ein kostenloses Essen zu kommen. Es wird kurz geredet, appelliert und ... Eine Politik, die nur appelliert und auf Freiwilligkeit setzt, anstatt verbindlich die Dinge zum Besseren zu wenden, missbraucht ihre Macht – durch Nichtstun. Was unterscheidet sie dann noch von einem Verein, dem nichts anderes bleibt, als zu reden und zu appellieren?

In Frankreich hat einer eine Petition gegen die Lebensmittelverschwendung gestartet. Vier Monate später hat die Regierung das Gesetz vorgelegt. Sie hat gehört, geredet, gehandelt und geholfen.

Die geschenkte Stimme

Stürme decken Dächer ab und entwurzeln Bäume, Flüsse reißen ganze Dörfer mit, andernorts brennen Wälder, Dürren lösen Hungersnöte aus. Das sind keine Jahrhundert-Ereignisse mehr. Immer schlägt irgendwo auf dieser Erde der Klimawandel zu. Oder besser: Er schlägt zurück.

Menschen meines Alters sind die erste Generation, die die Folgen der Erderwärmung zu spüren bekommt, und die letzte, die das Schlimmste gerade noch verhindern kann. Wenn ... ja, wenn wir sofort handeln. Wenn nicht, dann heißt das so viel wie: Nach uns die Sintflut.

Wird ein Mensch getauft, bekommt er Paten. Die versprechen, für ihn da zu sein – in Fragen des Glaubens und des Lebens, damit er seinen Weg findet. Beim Klimawandel haben wir als Paten für die junge Generation versagt: Wir hinterlassen ein Treibhaus und die Aussicht auf einen Alltag, der sich in den Katastrophen von heute bereits andeutet.

Wahlen können für Politikwechsel sorgen, vielleicht auch dafür, dass der Klimaschutz endlich ernst genommen wird. Da höre ich vor einer Wahl von einer Frau, die ihre Wählerstimme verschenken will. An ihr sechzehnjähriges Patenkind. Sechzehnjährige dürfen in ein paar Bundesländern wählen, aber noch längst nicht überall und schon gar nicht den Bundestag. Sie aber werden die politischen Entscheidungen oder die politische Untätigkeit länger aushalten müssen als die, die sie treffen. Der Klimaschutz mag für die Älteren eine lästige Aufgabe sein, für die Jüngeren ist er überlebenswichtig. Deshalb möchte die Frau, dass ihr Patenkind sagt, wen sie wählen soll. Und genau da wird sie dann ihr Kreuz machen. Das hat sie ihrem Patenkind versprochen.

Solange es solche Patentanten gibt, ist die Erde noch zu retten.

Keine *falsche* Bescheidenheit

Wir erleben den gefährlichsten Zeitpunkt der Menschheitsgeschichte, meinte Stephen Hawking, dieser berühmte Astrophysiker, in einem Weckruf. Den hat er zu seinem 75. Geburtstag, Anfang 2017, ein Jahr vor seinem Tod, ausgesendet. Wir hätten Technologien entwickelt, die unseren Planeten nach und nach zerstören. Und dann zählt er auf: den Klimawandel, das Artensterben, Epidemien. Die Ressourcen würden sich in den Händen weniger konzentrieren. Finanzhaie würden gigantische Prämien einstecken, während die Allgemeinheit für deren Gier bezahlen müsse. Er beklagt die wirtschaftliche Ungleichheit, soziale Ungerechtigkeiten. Und nun? Es »bleibt den führenden Entscheidungsträgern dieser Welt nichts anders übrig«, schreibt er, »als anzuerkennen, dass sie versagt und die Mehrheit der Menschen im Stich gelassen haben«. Bis hierhin klare Worte. »Vor allem müssen sie sich ein gewisses Maß an Demut und Bescheidenheit aneignen.«

Müssen sie, müssten sie. Wer's glaubt, wird selig. In der Bibel steht, was unter Demut zu verstehen ist: In Demut schätze einer den anderen höher als sich selbst. Hawking verlangt das von den Eliten. Nichts dergleichen wird passieren. Es kommt auf uns an. Wir sollten unsere Bescheidenheit beiseitelegen, uns nicht kleiner machen, als wir sind. Wir sitzen nicht an den Hebeln der Macht, nicht an den Geldquellen, nicht in den Aufsichtsräten der Konzerne. Mit anderen Worten: Wir sind keine Hühner, die Eier legen, aber wir können feststellen, ob das Frühstücksei faul ist. Und das auch sagen. Das könnte ein Anfang sein. Es muss aber nicht dabei bleiben. In allen deutschen Gemeinden, ausnahmslos, gibt es die Möglichkeit, aktiv zu werden, Einwohneranträge zu starten, dem Gemeinderat eine Idee auf die Tagesordnung zu schieben – und notfalls sogar ein Bürgerbegehren zu starten, wenn es Politik und Verwaltung an Demut und Bescheidenheit mangelt, sich mit unserer Kritik und unseren Ideen zu befassen. Da geht noch was.

Achtung, Kinder!

Ich laufe in Amman, der jordanischen Hauptstadt, durch ein Wohnviertel, der Muezzin ruft, überall Stände mit Gemüse und Gewürzen, alles recht arabisch, dann biege ich um eine Ecke – und da steht in großen Buchstaben an einer Hauswand: KINDERGARTEN. Auf Deutsch.

Der Kindergarten ist ein thüringisches Exportwunder. Friedrich Fröbel aus Oberweißbach hat ihn erfunden. Fröbel wollte keine Aufbewahrung, sondern Bildung. Er meinte, zu spielen sei typisch für Kinder, sie würden dadurch spielend lernen. Manche von Fröbels Schülern sind in die USA ausgewandert und haben dort Kindergärten gegründet. Währenddessen waren sie in Preußen fast zehn Jahre lang verboten. Sie seien destruktiv, atheistisch und demagogisch. Ja klar, wenn man von jungen Menschen zuallererst verlangt, dass sie auf dem Appellplatz strammstehen, ist es beängstigend, wenn Kinder selbst bestimmen, was und mit wem sie spielen.

Ab wann befehlen wir das Ende der Kindheit? Ab wann geht es vorrangig darum, sich auf den Ernst des Lebens vorzubereiten? Und was ist das, der Ernst des Lebens? Die Leistungsgesellschaft? Fängt der Ernst des Lebens mit der Grundschule an, mit dem Gerangel um die besten Plätze?

Gehen die Sommerferien zu Ende, die große unbeschwerte Zeit, in der Kinder einfach in den Tag hineinleben, eben einfach spielen dürfen, hängen Banner an den Straßen, auf denen steht: »Achtung, Kinder!« Die Kinder sollen sicher über die Straße kommen. Aber wie kommen sie sicher durch die Kindheit und das Schuljahr? Wie lange dürfen sie Kinder sein, wie lange spielend lernen? Nur im Kindergarten, dann nicht mehr?

Die Lehrplanbürokraten machen Druck und wir als Eltern auch. Du musst mithalten, dich bewähren, musst weiterkommen. Spielend lernen hieße, den Kindern mehr Zeit zu geben, damit sie ihrer Neugier nachgehen, sich ausprobieren, sich entdecken können. Achtung vor den Kindern.

Lebendschach

Es gibt Gegenden, da wird seit fünfhundert Jahren Lebendschach gespielt, Schach mit lebenden Figuren, also echten Menschen. Die Leute haben dann Kostüme an, mimen Läufer, Türme, die beiden Könige und Königinnen und natürlich die Bauern. Ein Spektakel, meist im Freien, ein Volksfest mit viel Publikum.

So ein Lebendschach gibt es immer wieder in Grenzgebieten, zwischen Mexiko und den USA oder, nicht weit von uns, zwischen Belarus und Polen. Die Machthaber in Belarus und Polen spielen die beiden Könige, das Wachpersonal die Türme ... nun ja, und afghanische Flüchtlinge sind die Bauern. Der belarussische Diktator treibt sie auf die polnische Grenze zu, also in Richtung Europäische Union. Die Polen lassen sie nicht rein, und so wird der Grenzraum zum Spielfeld. Da im Freien gespielt wird und der Herbst aufzieht, es auch nicht so viel zu essen und zu trinken gibt, werden aus den Bauern eben Bauernopfer. Die Afghanen sind das ja gewöhnt. Zuschauer gibt es auch, die halbe EU schaut zu. Bloß keine diplomatischen Verwerfungen! Spiel ist Spiel, da mischt man sich nicht ein.

Doch. Denn jedes Spiel braucht Regeln. Der polnische Erzbischof Wojciech Polak hat an die Regel erinnert, die für das Zusammenspiel von Menschen unabdingbar ist: Dobroczynność. Das ist polnisch und heißt Nächstenliebe. »Kein Mensch«, sagt er, »gleich welcher Religion oder Herkunft, darf jemals ein Instrument politischen Kampfes sein«, also zur Schachfigur politischer Interessen werden. Und wo es dennoch passiert, sollten wir nicht unberührt zuschauen, sondern mit dem Herzen bei den Bauern sein.

Nicht auszuhalten

Wir müssten diese Bilder aushalten, meinte der sächsische Ministerpräsident Michael Kretschmer. Diese Bilder von Flüchtlingen vor dem Stacheldraht an der belarussisch-polnischen Grenze, die festgesetzt waren im Schraubstock zwischen Lukaschenko und der EU. Was wir aushalten sollen, sind die Bilder, die uns aufwühlen, uns mitfühlen lassen, Bilder von Menschen, die frieren, die kaum zu essen und zu trinken haben. Darunter Kinder. Je länger, je mehr auch Bilder von Gräbern. Für viele Menschen waren und sind diese Bilder aus den Nachrichten schwer auszuhalten. Das spürt auch dieser Ministerpräsident. Deshalb sagt er ja, wir müssten das aushalten.

Aber die Menschen, die hungern, frieren und erfrieren, kommen gar nicht vor in seiner ... nennen wir es: Betrachtung der Lage. Dabei gehört das Wort »aushalten« doch eher zu ihnen. Sie müssen doch aushalten, wofür sie gar nichts können. Lukaschenko hat sie instrumentalisiert und geht dabei über Leichen. Die EU will dem nicht nachgeben und macht dicht. Flüchtlinge, die es dennoch irgendwie schaffen, werden in Polen interniert. Und der Herr Ministerpräsident lädt uns ein, daran vorbeizuschauen? Unser Mitgefühl will er dorthin verbannen, wo es seiner Meinung nach hingehört: in die Abstellkammer. Denn gemeint ist doch: Wir sollen abstumpfen. Wir sollen die Bilder aushalten, denn er will sich raushalten. Er will auch für die der Landesvater sein, die Flüchtlinge generell zu unerwünschten Personen erklären. Der Biedermann will Freund der Brandstifter sein und reicht ihnen die Streichhölzer.

Ich meine, niemand sollte Leid, das vermieden werden kann, aushalten müssen, niemand sollte es aushalten müssen, wenn er davon erfährt. Und niemand sollte solche menschenverachtenden Sprüche wie die des Ministerpräsidenten aushalten müssen. Wir dürfen widersprechen – im Namen derer, die das Leid ertragen müssen.

Der volle Korb

Zwei Männer, ein Thema. Der eine ruft mich an und regt sich auf, weil ich finde, die afghanischen Flüchtlinge an der belarussisch-polnischen Grenze sollten gerettet werden. »Wir haben genug eigene Probleme«, meint er. Darauf ich: »Aber es ist saukalt, die Leute erfrieren.« »Ja«, erwidert er, »wie damals in Stalingrad, im Krieg, da hat uns auch keiner geholfen.« Und wer so denke wie ich, sei ein Narr, das stehe so in der Bibel. »Wie wäre es, wenn Sie in Ihrer Bibel weiter nach hinten blättern«, schlage ich vor, »da treffen Sie dann auf diesen Jesus, der hat ganz andere Ansagen gemacht.« Aber da legt er auf.

Der zweite Mann schreibt mir, er und seine Frau seien adoptiert worden. Klingt schräg, aber sie meinen es ernst: Eine syrische Familie aus der Nachbarschaft betrachtet sie als ihre neuen deutschen Eltern, für die Kinder sind sie Oma und Opa. Und umgekehrt genauso. Jede der Familien denkt an die andere wie an ihre eigene. Das Ehepaar hilft, wo immer zu helfen ist, wenn jemand noch fremd ist, die Sprache lernen, Arbeit suchen, sich zurechtfinden muss. So verehrt zu werden, schreibt er, ist uns schon unangenehm. Aber darauf hätte der syrische Freund nur geantwortet: Wer mit vollem Korb kommt, soll auch mit vollem Korb wieder gehen.

Kämen die beiden Männer, die sich an mich gewandt haben, ins Gespräch, könnte der eine dem anderen erzählen, was in dem Korb ist, den er voll zurückbekommt.

Lest selbst, denkt selbst

Martin Luther war elf Monate lang in Quarantäne. Er hatte sich mit Papst und Kaiser angelegt. Daraufhin wurde er nach Worms zitiert zum Reichstag. Aber anstatt einzulenken, sagt er: Ich stehe hier, ich kann nicht anders. Jedenfalls so ungefähr. Der Satz stammt wohl eher von seiner Marketing-Abteilung in Wittenberg. Der Kaiser kann auch nicht anders. Er erklärt Luther für vogelfrei. Daraufhin lässt ihn Friedrich der Weise, der ihn lieber lebendig als tot sieht, entführen. Eine Räuberpistole ohne Räuber und Pistolen. Die Männer bringen Luther auf die Wartburg. Hier mimt er den Junker Jörg, lässt sich die Tonsur zuwachsen und einen Bart stehen, isst zu viel Wildbret und leidet unter Verstopfung. Alles besser als vogelfrei, lieber Quarantäne als tot. Auf der Burg hoch über Eisenach hat er Zeit, ist nicht abgelenkt und macht sich an die Arbeit. Er übersetzt das Neue Testament ins Deutsche.

Die Bibel war ein Geheimpapier, nur Intellektuelle konnten sie lesen. Und wenn im Gottesdienst der Priester beim Abendmahl die Oblate hochhielt und auf Lateinisch sagte »Das ist mein Leib – Hoc est corpus meum«, verstanden die Leute nur: Hokuspokus. Luther entreißt die Bibel den wenigen Intellektuellen und macht sie für alle lesbar. Er leakt sie und macht sich damit zum Edward Snowden des ausgehenden Mittelalters.

Lest selbst, denkt selbst, handelt danach. Das ruft er von der Wartburg aus hinunter ins Land. Er braucht sie alle für seine Reformation, jede Christin und jeden Christen. Schließlich geht es darum, die Kirche wieder zurückzuholen zu ihrem ursprünglichen Auftrag – für andere da zu sein. Und nicht den Menschen Geld abzupressen für Paläste in Rom.

So haben die Bauern endlich lesen können davon, dass die Ersten die Letzten, die Letzten die Ersten sein werden. In Memmingen, im Allgäu, setzen die Bauern ihre Zwölf Artikel auf, getrieben vom Hunger, mitten im Bauernkrieg, 1525. Es ist die erste Menschenrechtserklärung in Europa: Sie wollen ihre Pfarrer selbst wählen und abwählen können, wollen die Gemeindewiesen und den Gemeindewald zurück. Sie wollen sich nicht mehr einreden lassen, es sei eine gottgefällige Ordnung, dass sie immer unten und die Herren oben sind. Sie verstehen, was sie in der Bibel lesen, wie es gemeint ist: als Ermutigung für die Benachteiligten.

Es kommt auf uns an. Das legt Martin Luther mit seiner Bibelübersetzung in das Sediment der Reformation. Einer jeden Reform. Jeder Mensch ein Priester, so umschreibt Luther das. Ähnlich klingt das bei dem Künstler Joseph Beuys: Jeder Mensch ein Künstler. Die wenigsten können wohl malen, dichten oder komponieren. Aber wir können uns eine Gesellschaft ausmalen, können, wie wir leben wollen, verdichten zu Verabredungen, können ein Miteinander komponieren, das allen dieselben Chancen gibt. Auch den anderen.

Ja, ich müsste, ich sollte, ich hätte schon längst ... – den Mund aufmachen müssen. Da bewundern wir Luthers Standfestigkeit, aber wie oft schieben wir wie die Mistkäfer all unsere Bedenken und Ausreden zu einem großen Haufen zusammen, der dann im Weg liegt, damit wir uns nicht bewegen müssen. Schluss mit dem Hokuspokus.

Lest selbst, denkt selbst, handelt danach.

Das Glück
und die Nadelspitzen

Bist du glücklich? Das fragt in einem Roman von Erich Maria Remarque ein Mann einen anderen. Der antwortet mit einer Gegenfrage: Wie lange kann man auf einer Nadelspitze sitzen? Warum sind wir, wenn wir einmal zufrieden sind, auch schon wieder unzufrieden? Sind es die Sorgen, die sich nicht einfach in die Ecke stellen lassen, die wir uns um uns selbst, um andere, um die Weltlage machen? »Wie geht es dir?«, werden wir gefragt. Und wir antworten: »Ganz gut, na ja, geht so, wenn da nicht ... wäre. Also, wenn ich ehrlich bin ...«

Und dann gibt es diesen Moment, wenn abends die Amsel singt und die Luft noch lau ist und einen nicht ins Haus treibt, eine Viertelstunde nur, in der nichts sonst wichtig ist. Oder dieser Nachmittag, wenn die Kinder zu Besuch sind und alle um den Tisch sitzen, an dem wir sie haben wachsen sehen. Oder der Anruf, auf den wir gewartet haben und der uns den Stein vom Herzen fallen lässt. Die Arbeit, die endlich erledigt ist, mit der wir uns so lange gequält haben.

Diese Momente nicht zu verpassen, heißt, es sich einfach mal nur gutgehen zu lassen. Aber damit wir uns wirklich freuen können, meint das auch, alles andere für diesen

Moment gut sein zu lassen, so wie es eben ist. Die Nadelspitzen werden schon dafür sorgen, dass wir uns auf diesem Gefühl nicht allzu lange ausruhen.

Wurzelnackt

Die Krisen kommen und gehen. Meinten wir. Aber sie werden bleiben: die Folgen von Kriegen, die Klimakrise, um deren Auswirkungen wir seit dreißig Jahren wissen und zu wenig tun, Hunger und Flüchtlingsströme, Pandemien und Artensterben. Manchmal ist es zum Verzweifeln.

Spatentief
ist der Boden durchstochen
um mich her
bin ich
niedergeschlagen
der Stamm
lenkt, nein längt ein
und legt sich
zum eigenen Schatten.

Wurzelnackt,
immerhin ist nichts gebrochen,
liege ich und gebe
nichts auf
den Tod
kann ich nicht ausstehen
aber aufstehen
in einem Pflanzloch
wartet das Leben.

So habe ich einen Apfelbaum gepflanzt – zusammen mit meinem Sohn. Es ist eine ganz alte Sorte. Die Äpfel sollen, meinte der Mann in der Baumschule, rotwangig sein, sehr süß. Ob ich allerdings davon welche essen werde? Meine Kinder umso mehr. Hoffentlich. Aber es geht gar nicht um die Ernte. Der Baum steht vorm Haus und tröstet mich. Ich schaue ihn an und denke – trotz all der Krisen und gegen alle Unkenrufe:

Ja, auf also,
in die Erde zurück,
wenn es sein muss
mit Pfahl und
Bindestrick.

Richtig einordnen

Notenschluss. Das ist das magische Wort vor den Winter- oder den Sommerferien. Dann ebbt der Schulstress endlich ab: keine Leistungskontrollen, keine Klassenarbeiten mehr. Nur noch dem Zeugnis entgegenzittern. Manche Kinder trauen sich am letzten Schultag nicht nach Hause und wählen dann hoffentlich die »Nummer gegen Kummer«.

Da gibt es die Geschichte von einer Schülerin, die aus dem Internat einen Brief an ihre Eltern schreibt. Nein, natürlich nicht. Welches Kind schreibt heute noch Briefe? Vermutlich ist es eine Sprachnachricht, die sie über einen Social-Media-Kanal an die Familiengruppe schickt – die Stimme ein wenig weinerlich, hier und da ein Schluchzen eingebaut und zum Ende hin auch wieder licht und fast schön fröhlich.

Ungefähr so: Ihr Lieben, ich konnte mich eine Weile nicht melden, in unser Wohnheim ist ein riesiger Baum gekracht, nachts, es war irre laut. Es hat die halbe Hauswand aufgerissen, gerade da, wo mein Zimmer ist. Ihr könnt euch das nicht vorstellen. Jedenfalls musste ich nachts raus, konnte nichts mitnehmen, nicht einmal mein Smartphone. Überall lagen Steine, und – ihr wisst ja, ein Unglück kommt selten allein – ich bin gestolpert und im Krankenhaus erst wieder aufgewacht. Jetzt muss das Wohnheim erst einmal renoviert werden. Deshalb bin ich zu meinem Freund gezogen. Ihr wisst noch nichts von ihm. Er ist wirklich lieb. Ihr werdet ihn bald kennenlernen ... na ja, kennenlernen müssen, weil nämlich ... (Pause, zu hören ist ein tiefes Durchatmen) ... weil ich nämlich von ihm schwanger bin. Denke ich jedenfalls, vielleicht aber auch von ... Na ja, ihr versteht doch bestimmt, dass ich jetzt auch etwas mehr Taschengeld bräuchte, oder? Mama, bitte, du musst jetzt nicht weinen. Und Papa, bitte beruhig' dich wieder. Es gibt keinen Grund, sich aufzuregen. (Kurze Pause) Das war nur ein Späßchen. Es ist gar nichts passiert. Ich war nur mal zwei Tage nicht online, das Wohnheim steht noch, ich bin nicht schwanger, was nun so schlimm auch nicht wäre, aber einen Freund – verdammt nochmal – habe ich immer noch nicht. Aber auf meinem Zeugnis wird in Mathe eine Sechs stehen und in Chemie eine Fünf. Ich wollte nur, dass ihr das richtig einordnet. Es gibt Schlimmeres.

Raus
aus den Kitteln

Für psychologische Tests wurden einmal einer größeren Versuchsgruppe weiße Kittel angezogen. Der einen Hälfte sagte man, es seien Arztkittel, der anderen, es seien Malerkittel. Dann sollten sie Aufgaben erfüllen. Die in die Rolle der Maler geschlüpft waren, schnitten jedes Mal schlechter ab als die mit dem Arztkitteln. Abgesehen davon, dass Maler nicht weniger schlau sein müssen als Ärzte, sind die Leute mit dem Kittel auch in Erwartungen geschlüpft – und haben sie erfüllt.

Wie wir uns verhalten, hängt auch davon ab, welche Rolle uns zugedacht wird. Bei Kindern ist das besonders problematisch, weil sie noch wachsen. In welche Richtung, das liegt unter anderem daran, was wir ihnen zutrauen. An den Kitteln, die wir ihnen überziehen, stehen oft Noten: Das ist ein Zweier-, Dreier- oder Viererschüler. Es ist ein einfältiges Muster, in das wir sie damit pressen. Weiter als von eins bis sechs muss man dafür auch nicht zählen können. Zu Hause oder in der Schule hören sie dann: Du bist eh nur ein Viererkandidat. Oder auch: Du kommst ganz nach deinen Eltern – und da kommt nur eine Eins infrage. Bis sie es selbst glauben. Wie wirkt es auf Kinder, wenn sie das allzu oft hören? Sie richten sich darin ein, werden über- oder unterfordert. Beides stresst. Und wird ihnen nicht gerecht. Wie soll ein Kittel auch einem Menschen gerecht werden?

Deutsche Einheit

Ost und West, West und Ost. Wieder vereint, vereinigt. Deutsche Einheit. Die Menschen im Osten wollten dazugehören, den Anschluss finden an den Westen, an Einigkeit und Recht und Freiheit – als des Glückes Unterpfand. So heißt es in der Nationalhymne, deren Text ich immer noch nachlesen muss, auswendig kenne ich nur den mit den Ruinen. Für die Menschen im Westen wurde das Land ein wenig größer, sonst hat sich nicht viel geändert. Für uns im Osten dagegen hat sich alles geändert, alles und für alle.

Geht es um die Geschichte dieses Deutschlands, klopfen in Festreden die Repräsentanten unserem Land auf die Schulter – und sich selbst damit auch – und reden von den mehr als siebzig Jahren, in denen sich die Demokratie bewährt habe. Und immer denke ich: Da komme ich nicht vor, bei mir sind es erst gut dreißig Jahre Demokratie. Da wird vereinheitlicht ohne Sinn und Verständnis, und schon ist ein Teil des Landes mit seiner Geschichte ausgeblendet.

Die Mütter und Väter des Grundgesetzes hatten einen Plan, für den Fall, dass Ost und West wieder zusammenkommen. Es sollte gemeinsam an einer gesamtdeutschen Verfassung gearbeitet werden. Diese sollte dann, wie es sich gehört für Verfassungen, dem ganzen, wiedervereinigten Volk zur Abstimmung vorgelegt werden. So war es ausgedacht, so war es versprochen, so wurden wir enttäuscht. Es wäre der Edelstein der Deutschen Einheit gewesen. Die Ossis hätten den Verfassungsentwurf vom Zentralen Runden Tisch der DDR mitbringen können. Er atmet den Geist des Herbstes ’89, blättert die Bürgerrechte klarer auf als das Grundgesetz. Aber noch wichtiger: Ost und West hätten sich anders wahrgenommen, aufmerksamer vermutlich. Wir hätten gestritten und die Geschichten unserer geteilten Geschichte gehört. Ich wäre vermutlich ein, zwei Jahrzehnte eher heimisch geworden in diesem neuen Heimatland.

Dass wir uns dieses Verfassungsgespräch nicht gegönnt haben (oder es uns nicht gegönnt wurde), halte ich für den Kardinalfehler der Deutschen Einheit. Aufzuholen ist das nicht. Aber es ist zu lernen, dass die Bilanz der Einheit sich nicht nur in Zahlen ausdrückt, nicht nur in wirtschaftlichen Maßstäben, sondern auch in der Wertschätzung der verschiedenen Biografien, der Lebensleistungen Ost wie West. Es ist nicht zu spät, sich das zu erzählen. Und zu überlegen, wie wir verfasst sein wollen. Das ist zu jeder Zeit eine im wahrsten Sinne des Wortes weg-weisende Aufgabe.

Mit den Reichen Arm in Arm

Hören wir von der Schere zwischen Arm und Reich, die immer weiter auseinanderklafft, welche Art von Schere sehen wir dann vor uns? Eine Nagelschere, eine Küchenschere ...? Treffender wäre eine Heckenschere. Während der Corona-Pandemie hat sich das Vermögen der zehn reichsten Menschen dieser Erde ... na, wie geht der Satz weiter? Es hat sich: verdoppelt. Bei den Ärmsten gab es auch Zuwächse. Es sind 165 Millionen Menschen mehr von akuter Armut bedroht, von Hunger und Krankheiten.

Der Teufel scheißt eben immer auf den größten Haufen. In der Bibel steht das etwas galanter: Wer hat, dem wird noch gegeben, wer wenig hat, dem wird auch das noch genommen. Das ist ein kapitalistisches Prinzip. Ich sage das nicht, damit wir davor kapitulieren und vor uns hinmurmeln: Ist eben so, kann man eh nichts machen. Stimmt nämlich nicht. Man kann gegensteuern – mit Steuern.

Reiche, denen die Entwicklung peinlich ist, rufen hin und wieder ihren Staat dazu auf, ihnen mehr Steuern abzunehmen. Es gab sogar einen Aufruf von hundert Reichen aus aller Welt, die sich »Patriotische Millionäre« nennen, darunter ein halbes Dutzend Deutsche.

Mit den Steuern auf Millionen-Vermögen ließen sich weltweit mehr als zwei Milliarden Menschen aus Armut befreien und für fast doppelt so viele die Gesundheitsversorgung finanzieren. Es fehlt nur am Willen derer, die die Macht haben. Gegen alle Beteuerungen gehen sie eher mit den Reichen Arm in Arm, als den Armen die Hand zu reichen. Auch in Deutschland. Politik, nach christlichen Maßstäben, ist aber nur so gut, wie es den Ärmsten geht.

Unter Wasser

Alle Menschen werden Brüder,
Wo dein sanfter Flügel weilt.

Diese Zeilen stammen aus Beethovens Neunter Sinfonie. Die Ode an die Freude gilt als Europahymne. Es gibt eine Aufführung unter Wasser, auf dem Grund des Mittelmeers. Die Bilder finden sich im Internet: Da ist ein Geiger zu sehen, der in den Wellen steht und spielt, dann versinkt er. Unter Wasser eine Frau, die mit einem Instrument aus Glasschalen Töne hervorbringt, ein Mann, der auf Pauken schlägt. Requiem für Ertrunkene nennen sie die Aktion, veranstaltet von einem Bündnis zur Rettung von Flüchtlingen.

Von 2014 bis 2022 sind auf der gefährlichsten Fluchtroute der Welt mehr als 24.000 Menschen ertrunken. Zehntausende wurden abgefangen und zurückgebracht in libysche Haftlager, zurück in das Elend, zu Hunger, Folter, Vergewaltigungen und Sklaverei. Die Europäische Union meint, sich vor Flüchtlingen schützen zu müssen und verweigert ihnen den Schutz. Sie weiß von den Menschenrechtsverletzungen, sie kennt die libyschen Verhältnisse – und kooperiert weiter mit der libyschen Küstenwache.

Seid umschlungen, Millionen!
Diesen Kuss der ganzen Welt!

Die Flüchtlinge bringen die Welt nach Europa, die Welt, die so anders ist als das, was wir kennen, die so weit weg und uns so fremd ist, die Kehrseite der Ungleichheit, eine Welt, die uns Angst macht, aber für die wir auch verantwortlich sind. Wer die Flüchtlinge vor dem Ertrinken rettet, umarmt mit dieser humanitären Zärtlichkeit die ganze Welt. Seid umschlungen, Millionen, alle Menschen werden zu Geschwistern.

Mit jedem Flüchtling, der im Mittelmeer ertrinkt, aber gerettet werden könnte, versinken auch Europas Werte. Ist die Europahymne eine Lüge? Vielleicht ist sie ein Gebet. Ein Gebet für die, die uns nötig haben, und für uns, für die Seele Europas.

Ja, wer auch nur eine Seele
Sein nennt auf dem Erdenrund!

Der lässt nicht Menschen ertrinken und sinken auf den Meeresgrund.

Und wer's nie gekonnt, der stehle
Weinend sich aus diesem Bund!

Europa muss sich entscheiden, wir müssen uns entscheiden.

Nächstenliebe hat nur ein Maß

Der Krieg in der Ukraine hat unsere ganze Aufmerksamkeit beansprucht. Aber kein Mensch kann wochen- oder monatelang mit derselben Aufmerksamkeit, demselben Mitgefühl, demselben Zorn aus der Ferne wahrnehmen, was da passiert. Mit »wahrnehmen« meine ich, es so aufzunehmen, dass es uns wirklich bewegt, uns vielleicht die Tränen in die Augen treibt.

Können wir über einen Krieg hinaus überhaupt noch mehr wahrnehmen? Wie steht es um Afghanistan? Was ist mit dem Krieg in Syrien? Der dauert bereits mehr als ein Jahrzehnt. Wie steht es um den Jemen? Hat der Krieg dort seine Schrecken verloren? Bestimmt nicht. Aber mehr als den einen Krieg und seine Schrecken ertragen wir eben nicht.

Aber uns begegnen Menschen. Aus der Ukraine sind viele Menschen hierher geflohen. Sie wurden aufgenommen. Die Warmherzigkeit ist beispiellos. Es ist großartig, dass sie uns vertrauen, auf uns vertrauen können und nicht enttäuscht werden. Aber warum ist das beispiellos? Warum ist es nicht beispielhaft für die Aufmerksamkeit, die alle Kriegsflüchtlinge verdienen, auch die aus Afghanistan, aus Syrien, aus dem Jemen, dem Irak. Oder messen wir mit zweierlei Maß? Aber die Nächstenliebe hat nur ein Maß: den Menschen, egal woher er kommt, egal wie er aussieht, ob er unserer Kultur näher oder ferner ist, ob er uns fremder oder vertrauter ist. Er verdient, dass wir ihn wahrnehmen.

Unser Aushängeschild

Der Volkstrauertag ist ein stiller Gedenktag, der an die Opfer von Krieg und Gewalt erinnert. Als er vor fast hundert Jahren eingeführt wurde, sollte den Gefallenen des Ersten Weltkrieges gedacht werden. Wenig später haben die Nazis einen Heldengedenktag daraus gemacht und so den Krieg verherrlicht. Wir kennen das Ende. Von da an war der Volkstrauertag den Opfern zweier Weltkriege gewidmet.

Diesen Tag brauchte es wohl auch, weil die Trauer nicht gerade zur deutschen Leitkultur gehörte: Sie galt als unmännlich und unehrenhaft. Kindern, vor allem den Jungs, wurde mit auf den Weg gegeben: »Wer Tränen in den Augen hat, kann nicht klar sehen. Hör auf zu heulen, schau nach vorn, nicht zurück.« Aber wer nur nach vorn schaut, sieht über das Leid hinweg, anstatt darüber ins Stolpern zu kommen. Wer trauert, stellt sich dem Leid.

Heute wird an Gedenktagen nicht nur »unserer gefallenen Söhne« gedacht, sondern aller Opfer von Krieg und Terror auf der ganzen Welt, auch derer, die durch die Soldaten der eigenen Nation gefallen sind, auch derer, die gegen Kriegstreiber aufbegehrt haben, desertiert sind und verfolgt wurden. Diese Trauer ist weder weiblich noch männlich, sondern menschlich. So menschlich wie der große Traum, von dem die Bibel erzählt: Gott wird abwischen alle Tränen von ihren Augen, und der Tod wird nicht mehr sein, noch Leid, noch Geschrei, noch Schmerz wird mehr sein. Es ist der Traum, der in allen Sprachen geträumt wird. Er ist das Aushängeschild für diese Menschheit. Hängen wir das Schild ab, ist es aus.

*Auf*räumen und *aus*räumen

Er geht in Pension, der Professor. Das Büro ist zu räumen. Was soll er aufheben, was kann ins Altpapier? Er kann schließlich nicht alles mit nach Hause nehmen. So räumt er also Regalmeter für Regalmeter und räumt dabei sein Arbeitsleben auf. Dabei kommt ihm ein Blatt zwischen die Finger, es ist eng beschrieben, er erkennt es sofort wieder. Was da steht, ist boshaft und unverschämt. Es ist der Brief eines Studenten. Der hatte sich über die Abschlussnote beschwert. Nur die Eins bringe ihn dorthin, wo er sich sieht. Aber so einfach ist das nicht, die Noten richten sich doch nicht nach dem Berufswunsch, sondern doch wohl eher umgekehrt. Es geht hin und her, der Student holt eine zweite Meinung ein, als ginge es um Leben und Tod. Aber das verfängt bei dem Professor nicht. Es bleibt dabei. Und der Student schreibt diesen Brief.

Der Professor unterbricht die Aufräumerei, sucht im Internet und findet den Namen des ehemaligen Studenten, auch seine jetzige Position. Das ist nicht das, was er sich seinerzeit erträumt hat, aber dennoch scheint es ganz passabel. Der Professor schreibt ihm eine E-Mail. Er freue sich, dass er doch nicht nur irgendwo untergekommen, sondern sogar angekommen ist in dem gewünschten Beruf. Ihm habe die

Sache auf der Seele gelegen. Kaum hat er sie abgeschickt, ist schon eine Antwort da. Der ehemalige Student sei sehr froh über die E-Mail. Ihm sei es nicht anders gegangen, er habe damals überreagiert und schäme sich dafür.

Das Wort »aussöhnen« kommt ursprünglich von sühnen, etwas wiedergutmachen, in Ordnung bringen. Der Professor ist seinem Instinkt gefolgt, vielleicht auch seiner Neugier. Entscheidend aber ist, dass er das Blatt, das an seinen Fingern klebte, nicht noch einmal beiseitegelegt hat. Damit ist die Sache ausgeräumt – und das Büro auch.

Politischer Wille ist Gold wert

Woran denken wir am Nikolaustag zuerst? Na klar, an Schuhe. Obwohl es dann oft schon zu spät ist. Weil wir die ja schon gestern Abend hätten rausstellen – oder die der Kinder füllen – sollen. Es ist ein schöner Brauch im Andenken an den Heiligen Nikolaus, einen Bischof, der vor 1.700 Jahren in der heutigen Türkei gelebt hat. Obwohl die Nummer mit den Schuhen ihm gar nicht gerecht wird. Er hat nämlich nicht einfach nur kleine Gaben an Bedürftige verteilt. Erzählt wird beispielsweise, dass Nikolaus drei Schwestern an drei Abenden hintereinander einen Klumpen Gold durchs Fenster geworfen hat. Die Familie war so arm, dass der Vater keine Mitgift für seine Töchter aufbringen und sie so auch nicht verheiraten konnte. Er hatte vor, sie zu Prostituierten zu machen, damit sie nicht hungern. Da hätten ein paar Plätzchen in den Holzpantinen wohl kaum geholfen.

Worauf ich hinauswill: Hat jemand Hunger, braucht er etwas zu Essen. Und zwar jetzt. Friert jemand, braucht er eine Decke. Jetzt. Ist jemand traurig, sollten wir ihn trösten, möglichst gleich. Auf Dauer aber reicht das nicht. Es hilft eben nur im Moment. Und morgen? Nikolaus verändert die

Verhältnisse. Da braucht es mehr als Almosen, damit niemand mehr hungert, friert, obdachlos ist oder sich prostituieren muss. Das geht nicht von heute auf morgen. Aber es braucht den Willen, die Dinge zu ändern, sonst ändert sich nichts. Dieser politische Wille wäre Gold wert, wäre er so beständig wie Gold und würde nicht immer wieder zerrieben von leichtfertigen Ausreden, wie schwer sich die Verhältnisse ändern lassen.

Feind oder Gegner

Die deutsche Sprache fasziniert mich. Eine winzige Lücke, eine Leertaste zwischen zwei Wörtern, und schon ist die Bedeutung ins Gegenteil verkehrt. Im Wahlkampf erleben wir Parteien, die zusammen raufen. Nach der Wahl treffen sie sich, um zu sondieren, ob sie koalieren. Dafür müssen sie sich zusammenraufen. Zusammengeschrieben ergibt das Wort die genau gegenteilige Bedeutung. Vom zusammen Raufen zum Zusammenraufen.

Wie leicht es ihnen fällt, den Schalter umzulegen. Erst haben sie aufeinander eingeprügelt, dann verbreiten sie Gruppen-Selfies und nennen sich beim Vornamen. Friede, Freude, fauler Zauber? War das vorher nur Schauspiel auf der politischen Bühne, und nach der Vorstellung treffen sie sich in der Kantine? Aber vielleicht steckt dahinter auch etwas, das wir lernen können: den anderen nicht als Feind, sondern lediglich als Gegner zu betrachten.

Einen Feind muss ich aus dem Weg räumen, ihn bekämpfen, und ich werde erst Ruhe geben, wenn er vernichtet ist. Ein Gegner kann mir genauso auf den Senkel gehen. Aber es bleibt Respekt, vielleicht sogar nur ein Rest vom einstigen Respekt. Das ist dann keine Resterampe des menschlichen Scheiterns, sondern die menschliche Möglichkeit: Das Buch zwischen Menschen muss nicht endgültig zuklappen, es kann wieder eine neue Seite aufgeschlagen werden. Es muss ja nicht gleich sein.

Hätte, hätte

Da steht sie also abends in der Dämmerung vor ihrer alten Schule. Sie ist hierhergefahren, neugierig, ob es die Schule überhaupt noch gibt – nach zwanzig Jahren. Natürlich ist die Tür verschlossen, aber durch die Glasfront kann sie hineinsehen. Hier hat sie ihr Abitur nachgeholt, längst war sie von zu Hause weggezogen. Vormittags Schule, abends Job. Sie hat sich durchgebissen.

Und als sie da so ihren Erinnerungen nachhängt, das Gesicht der Lehrerin heraufbeschwört, die ihr so viel beigebracht hat, sieht sie, dass doch jemand in der Schule ist. Ein älterer Mann, bestimmt der Hausmeister. Er sieht sie und kommt auf die Glastür zu. Da dreht sie sich um und geht schnell weg. Wer weiß, was das für einer ist, und wie hätte sie erklären sollen, was sie da will.

Auf dem Weg nach Hause denkt sie: Schade, schade eigentlich. Vielleicht wäre er ganz nett gewesen, hätte sie vielleicht für einen Moment hineingelassen. Sie hätte nach den Lehrern fragen, sich nach dieser einen Lehrerin erkundigen, ihr einen Gruß ausrichten können. Und er hätte zu Hause beim Abendbrot etwas zu erzählen gehabt: Heute war eine Frau an der Schule, die schwärmt noch nach zwanzig Jahren, und stell dir vor, was aus ihr geworden ist, hätte er vielleicht gesagt. Hätte, hätte, Fahrradkette.

Ach, Menschenskind, warum tun wir uns so schwer. Wenn sich zwei Menschen zufällig und freundlich begegnen, könnte das doch so sein, als ginge man an einer Bretterwand vorbei, entdeckt ein Loch, bleibt stehen, schaut hindurch – und erahnt das Universum eines anderen Lebens. Was soll dabei schon passieren? Hätte, hätte, ich mache jede Wette, die meisten Menschen, das sind nette.

Zurück auf Null

2024 hätte es für Wladimir Putin heißen sollen: Ab in den Ruhestand. Dann wäre seine Amtszeit zu Ende gewesen. Er aber hat eine Verfassungsänderung auf den Weg gebracht, mit der seine bisherige Amtszeit einfach annulliert wurde, so als wäre er nie Präsident gewesen. Er kann also erneut kandidieren und noch zwölf Jahre Präsident sein – bis 2036. Dann hätte Zar Putin 32 Jahre lang das Sagen gehabt.

Zurück auf Null. Wer wünscht sich das nicht, wenn etwas wiedergutzumachen ist. In der Bibel ist von einem Erlassjahr, einem Jubeljahr, die Rede. Alle fünfzig Jahre sollten die Schulden erlassen, Besitz neu geregelt werden, Abhängigkeiten sich auflösen. Was für eine Chance für die, die benachteiligt sind, zu kurz kommen, nichts auf der hohen Kante haben. Und was für ein Schrecken, für die, die meinten, ihr Schäfchen im Trocknen zu haben und es nun doch wieder in den Regen schicken müssen. Was für ein Traum, wenn wir dieses »immer weiter so« einmal unterbrechen und für gerechtere Verhältnisse sorgen könnten.

Dieses Zurück-auf-Null für die Amtszeit Putins hat die Karten nicht neu gemischt, nur die diktatorischen Machtverhältnisse zementiert. Wirklich neu kann etwas werden, wenn wir den Gedanken, wer mir etwas schuldig ist, beiseitelassen und wir uns begegnen wie am ersten Tag – offen, staunend, unbelastet.

Wohl oder übel

In einer klaren Nacht konnte man früher 3.000 Sterne am Himmel sehen, heute sind es nur noch hundert. Und die sich bewegen, sind gar keine, sondern Satelliten. Viele Menschen in Großstädten haben noch nie die Milchstraße gesehen. Manche erst, wenn sie im Hochgebirge sind, dem Himmel etwas näher, oder in einer Wüste, weit weg von Städten. Es ist einfach zu hell.

Aber was soll's, muss man denn die Sterne sehen? Nun, eine der schönsten Geschichten ist geradezu darauf angewiesen: die Weihnachtsgeschichte. Die drei Weisen, die Sterndeuter aus dem Morgenland (oder woher sie auch waren) sehen einen besonders hellen Stern. Und machen sich gleich auf die Sandalen. Im Stall in Bethlehem geben sie sich mit den Hirten – und wer weiß mit wem noch – die Klinke in die Hand und erweisen dem Kind, das da in der Krippe liegt, die Ehre. Sie deuten die Zeichen und setzen alles auf Hoffnung.

Zeichen deuten – geht das überhaupt in unserer verlärmten und grell ausgeleuchteten Welt? Starre ich auf den lichtverschmutzten Himmel, werde ich wohl kaum den Stern sehen, der für mich aufgeht. Aber es gibt dennoch Zeichen, die ganz unvermittelt um die Ecke kommen. Sie stören mich allerdings oft nicht mit einer bedeutsamen Geste auf, sondern deuten mir nur etwas an. Vielleicht ist es nur ein Satz in einem Film, die Geschichte in einem Buch, ein Gespräch, das mich nachdenklich zurücklässt. Das kann sich anfühlen, als hätte es der Himmel geschickt. Und tatsächlich geht mir ein Licht auf, und ich weiß plötzlich: Ja, darum muss ich mich kümmern, das endlich ansprechen, davon die Finger lassen, das zu Ende bringen. Damit ich diese Sterne deuten kann, muss ich mich wohl oder übel herunterdimmen. Wohl oder übel.

Einfach Hoffnung

Manchmal, wenn sich die schlechten Nachrichten wieder einmal überschlagen und ich den Eindruck habe, dass es die Welt bald aus den Angeln hebt, frage ich mich, was und wer sie noch zusammenhält. Woran soll ich meine Hoffnung hängen? Sind es die Parteiprogramme? Oder ein Koalitionsvertrag? Ist es der große diplomatische Wurf, der endlich für mehr Gerechtigkeit und Frieden und Umweltschutz sorgt? Könnte sein, schön wär's. Aber davon hängt auch schon viel am rostigen Nagel der Enttäuschungen.

Und dann begegnen mir Menschen, deren Herz am rechten Fleck schlägt. Ganz einfache Leute, ganz einfach Leute. An der Kasse im Supermarkt steht vor mir ein Mann, der die Verkäuferin fragt, ob es ihr auch gut geht, sie sehe heute so blass aus. Da sind Studentinnen in Leipzig, die Brote schmieren und Tee kochen für Obdachlose. Am Bahnhof sehe ich, wie jemand sich auf einer Treppe mit einem Koffer abmüht, ein junger Typ rennt vorbei, dann stockt er kurz, dreht sich um, packt zu und schleppt das Ding einfach hoch. Als das Ahrtal überschwemmt wurde, hat ein Syrer, Faris heißt er, eine Gruppe mit Asylbewerbern gegründet, die monatelang geholfen und Flutschäden beseitigt haben. Auf den Pazifikinseln gibt es eine Frau, Ursula Rakowa, die für ihr Volk nach einer neuen Heimat sucht – und findet. In Polen ziehen Mütter vor den Grenzzaun und verlangen, dass den Flüchtlingen geholfen wird, es könnten ihre Kinder sein, sagen sie.

Manchmal macht die Welt uns müde,
manchmal dreht sie durch und spielt verrückt,
die Hoffnung scheint sich zu verlieren,
aber immer gibt es Engel,
die bringen sie zurück.

Die Kraniche sind zurück

Ich habe das Girren wieder gehört. Erst meinte ich, mich verhört zu haben, es war doch noch Winter. Dann sehe ich die Straße weiter unten einen Vater mit seinen zwei Kindern. Fast im selben Moment, in dem ich das Girren wahrgenommen habe, bleibt er stehen, hält den Kopf schräg, bis er merkt, was ihn hat stocken lassen. Dann zeigt er nach oben. Die Kinder folgen seinem ausgestreckten Arm und suchen durch die kahlen Kronen der Bäume den Himmel ab. Es ist ein schönes Bild. Alle drei die Köpfe im Nacken und alles Widrige ist ausgeblendet: dieses Coronavirus, das verordnete Homeschooling, die schweren Einkaufstaschen. Als sie die Kraniche entdecken, hellen sich ihre Gesichter auf, alle drei, fast gleichzeitig. Die pure Freude. Es ist, als würden sie gleich selbst mit den Flügeln schlagen und sich aufschwingen.

Die Kraniche kommen zurück, manche schon im Februar. Es wird Frühling. Es ist, als wären sie Boten des uralten Versprechens, das Gott den Menschen nach der Sintflut gegeben hat, jedenfalls wird das so in der Bibel erzählt: Solange die Erde steht, sollen nicht aufhören Saat und Ernte, Frost und Hitze, Sommer und Winter, Tag und Nacht.